# SAINT BERNARD

ET LE

# CHATEAU DE FONTAINES-LES-DIJON

# SAINT BERNARD

ET LE

# CHATEAU DE FONTAINES-LES-DIJON

ÉTUDE HISTORIQUE ET ARCHÉOLOGIQUE

PAR

## L'Abbé CHOMTON

Chanoine honoraire de Dijon
Aumônier de l'Hospice Sainte-Anne

OUVRAGE ORNÉ DE NOMBREUSES PLANCHES ET FIGURES

## TOME PREMIER

DIJON

UNION TYPOGRAPHIQUE, IMPRIMERIE DE L'ÉVÊCHÉ

40, rue Saint-Philibert, 40.

1891

Dijon, le 10 mai 1891.

Cher Monsieur le Chanoine,

Vous vous proposez de faire paraître très prochainement une étude intitulée : *Saint Bernard et le Château de Fontaines-lès-Dijon*.

Avant de la livrer tout entière à la publicité, vous avez voulu nous faire bénéficier sans retard de la première partie, traitant du lieu de naissance, de la Chambre natale, de l'enfance et de la jeunesse de saint Bernard.

J'approuve d'autant plus volontiers votre idée que je la crois tout à fait opportune. A l'heure, en effet, où la Bourgogne se dispose à célébrer le huitième centenaire de la *Naissance* de celui qui constitue l'une de ses plus pures gloires, n'est-il pas à propos de faire connaître le lieu précis où la B. Aleth mit au monde son illustre fils ?

Après la lecture de votre beau travail, l'emplacement du *Cellier* où notre saint Docteur vit le jour ne saurait plus être contesté.

Avec ce soin minutieux et cette méthode que vous savez apporter en ces genres de travaux, vous avez groupé tous les documents de nature à corroborer votre thèse. Souvenirs du passé, manuscrits oubliés, vieilles dates et inscriptions, anciens dessins, tout est mis à sa place, étudié et discuté avec une telle perspicacité, que vos lecteurs sont forcés de s'écrier avec vous : « *Pour nous la pleine lumière s'est faite ; nous avons maintenant la certitude que la Chambre natale est la chapelle de Louis XIII, la coupole aux colonnes en marbre noir.* »

Votre travail, Monsieur le Chanoine, par son double caractère d'érudition et de haute et fine critique, s'adresse de préférence aux savants. Nous n'hésitons pas cependant à le recommander à tous les dévots de saint Bernard, persuadé que tous glaneront, au cours de cette étude, quelques épis de nature à enrichir leur esprit et à réjouir leur cœur.

Nous souhaitons donc ardemment que votre ouvrage se propage rapidement et dans une large mesure, afin qu'au *très prochain Centenaire*, il amène, pieusement recueillies, des foules de fidèles à la Chambre natale de saint Bernard.

A ce vœu, je joins celui de voir achever sans trop de retard l'étude si intéressante que vous avez entreprise, et vous priant d'agréer de ce double souhait l'expression bien sincère, je vous renouvelle, cher Monsieur le Chanoine, l'assurance de mes plus dévoués sentiments.

† F. HENRI, *év. de Dijon.*

# TABLE DES MATIÈRES

|  | Pages |
|---|---|
| Préface | 1 |

## I

| | |
|---|---|
| Le lieu de naissance de saint Bernard | 3 |
| § 1er. — Témoignage des premiers biographes | 4 |
| § 2. — Monuments de la Tradition | 10 |
| Note sur l'église de Fontaines-lès-Dijon et sur son ancien titulaire | 29 |

## II

| | |
|---|---|
| La Chambre natale de saint Bernard | 33 |
| § 1er. — Histoire sommaire de la chapelle dite Chambre natale de saint Bernard, depuis son érection jusqu'en 1793 | 34 |
| § 2. — Authenticité et emplacement de la Chambre natale de saint Bernard | 44 |
| *Première question* : Valeur de la tradition qui marque l'endroit précis où naquit saint Bernard | 44 |
| *Deuxième question* : Emplacement de la Chambre natale de saint Bernard | 48 |
| *Troisième question* : L'oratoire primitif, devenu la coupole de Louis XIII, a été établi dans le « cellier natal » | 93 |
| § 3. — Description de la Chambre natale | 104 |
| Appendice : Essai de restitution du château de Fontaines au xve siècle | 123 |
| Dernière note sur la Chambre natale | 129 |

## III

| | |
|---|---|
| L'enfance et la jeunesse de saint Bernard | 133 |
| Tableau synoptique : Les enfants de Tescelin et d'Aleth | 190 |
| Titres de sainteté de Tescelin, d'Aleth et de leurs enfants | 193 |

# TABLE DES PLANCHES

|  | Pages |
|---|---|
| Pl. 1. — Portrait de saint Bernard. | 1 |
| Pl. 2. — Vue de Fontaines-lès-Dijon en 1891 | 32 |
| Pl. 3. — Plan de l'église des Feuillants à l'époque de la Révolution | 58 |
| Pl. 4. — Vue générale de Fontaines-lès-Dijon en 1611, d'après un dessin d'Etienne Martellange | 92 |
| Pl. 5. — Vue du château de Fontaines-lès-Dijon en 1611, d'après un dessin d'Etienne Martellange | 96 |
| Pl. 6. — Plan de l'église des Feuillants, indiquant l'époque des diverses constructions | 102 |
| Pl. 7. — Coupe transversale de la chapelle Saint-Bernard | 108 |
| Pl. 8. — Clef de voûte de la chapelle Saint-Bernard | 110 |
| Pl. 9. — Etat du château de Fontaines et lieux adjacents vers 1850 | 124 |
| Pl. 10.— Essai de restitution du château de Fontaines au XVᵉ siècle | 128 |

La Planche 1 est une héliogravure de Dujardin. Le type reproduit est l'ancienne gravure qui orne l'ouvrage de J. Meglinger, intitulé : *Nova mellifui ecclesiæ doctoris S. Patris Bernardi effigies, ex epitome vitæ ac selectis epistolis concinnata.* — *Badæ Helvetiorum*, MDCLXX.

Les autres planches ont été exécutées par L. Chapuis et imprimées par la maison Jobard.

# TABLE DES FIGURES

|  | Pages |
|---|---|
| Fig. 1. — Vue des restes du couvent des Feuillants de 1821 à 1881. Aspect du Levant | 61 |
| Fig. 2. — Vue des restes de l'église des Feuillants de 1821 à 1870. Aspect du Nord | 66 |
| Fig. 3. — Pierre avec inscription, n° 1 | 69 |
| Fig. 4. — Id. n° 2 | 69 |
| Fig. 5. — Pierre sculptée avec inscription, n° 3 | 70 |
| Fig. 6. — Id. n° 4 | 71 |
| Fig. 7. — Id. n° 5 | 74 |
| Fig. 8. — Id. n° 6 | 75 |
| Fig. 9. — Plaquette de plomb avec inscription (Face) | 77 |
| Fig. 10. — Id. (Revers) | 77 |
| Fig. 11. — Plan des restes du château de Fontaines en 1881 | 99 |
| Fig. 12. — Ecusson provenant de la salle située au-dessus des coupoles | 119 |

# ADDENDA ET CORRIGENDA

Page 3. — Le docteur Georges Hüffer, *privatdocent* à l'Académie royale de Munster à l'époque où parut son Étude sur les sources de l'histoire de saint Bernard (1886), est devenu depuis professeur à l'Université de Breslau.

Page 5, ligne 18. — La date de 1151 donnée pour la mort de Guillaume de Saint-Thierri est une date approximative : la date fixe reste encore incertaine. Toutefois le Livre I de la *Vita 1a* fut certainement écrit tout entier du vivant de saint Bernard.

Page 31, ligne 34 : *martyr*, lisez *martyre*.

Page 36, ligne 7 : *On n'a pas d'autres données*, etc. Il faut corriger cette phrase inexacte et ajouter un dernier document parvenu à notre connaissance après l'impression d'une partie de notre travail. Ce document figure plus loin p. 104 et 129. Il établit d'une façon certaine que la chapelle Saint-Bernard fut érigée à la fin du xv<sup>e</sup> siècle.

Pages 140-141. — La seconde femme de Guillaume II de Champlitte fut *Catherine de Saulon* (Archiv. de la Côte-d'Or. Fonds du prieuré de Pontailler, II, 32, Liasse 739). Cette note complémentaire est due à l'obligeance de M. Gabriel Dumay.

Pages 142-143. — Parmi les filles de Renier de Marac : *Aclais*, lisez : *Aalais*.

Pages 190-191, troisième colonne, ligne 25 : d'*Acquitaine*, lisez : d'*Aquitaine*.

# SAINT BERNARD

ET

## LE CHATEAU DE FONTAINES-LES-DIJON

NOTES HISTORIQUES ET ARCHÉOLOGIQUES

Les fêtes du huitième centenaire de la naissance de saint Bernard attirent l'attention sur Fontaines-lès-Dijon et sur son antique castel. N'est-ce point l'occasion tout à fait opportune de céder à un vœu maintes fois exprimé, et de publier les notes que nous possédons sur le château où naquit le plus grand des moines d'Occident? Le désir de contribuer pour une part, si faible soit-elle, à de solennelles manifestations de foi et de patriotisme, nous décide à entreprendre cette publication. Notre tâche, d'ailleurs, est facilitée par le dévoué concours que veulent bien nous prêter MM. les directeurs du *Bulletin d'Histoire et d'Archéologie religieuses du diocèse de Dijon*, et M. Pierre Degré, l'un de nos meilleurs architectes. Qu'ils nous permettent de leur offrir ici le témoignage de notre vive gratitude.

Le modeste travail qui paraît aujourd'hui se compose d'une série d'articles dont voici le plan général: Nous avons voulu réunir en un seul faisceau les preuves de la naissance de saint Bernard à Fontaines, déterminer l'emplacement de la chapelle qui passe pour avoir été formée de sa « chambre natale », restituer des édifices précieux à peu près entièrement détruits. Nous avons ajouté les tableaux généalogiques de la ligne paternelle de saint Bernard, certains détails historiques sur les seigneurs de Fontaines et sur les Feuillants qui, en 1614, se constituèrent les gardiens du berceau de leur saint patriarche. Enfin nous rappelons les ravages exercés par la Révolution dans ce lieu vénéré, puis les efforts tentés à notre époque pour restaurer le sanctuaire natal de saint Bernard et y ramener les pèlerins.

Ces *Notes historiques et archéologiques* ne sont pas uniquement le fruit de notre labeur personnel; elles sont aussi le résultat des recherches de M. l'abbé Merle, décédé curé de Fontaines, en 1879, après vingt-cinq ans de ministère dans cette paroisse. Cet investigateur patient, très estimé de notre savant archiviste, M. Joseph Garnier, a laissé sur saint Bernard et sa famille, sur Fontaines, etc., une collection considérable de documents, dont nous avons extrait ce qui se rapportait à notre sujet. Guidé par ses indications, nous avons visité à notre tour le terrain qu'il avait exploré; nous avons vérifié toutes ses découvertes, redressé plusieurs inexactitudes et glané encore çà et là quelques épis échappés à l'infatigable moissonneur.

Nous n'ignorons pas les exigences de la critique moderne. Aussi avons-nous pris à tâche de remonter aux sources, de ne rien affirmer que sur des documents valables, de ne forcer aucune conclusion. Pour éclaircir les points obscurs et délicats, nous avons eu recours à d'autres lumières que les nôtres, et c'est un devoir pour nous de rendre hommage au bienveillant accueil, à l'aide efficace, que nous avons rencontrés spécialement près de M. Guignard, conservateur de la Bibliothèque de Dijon, et de M. l'abbé Jobin, auteur de plusieurs ouvrages sur la famille de saint Bernard.

## I.

### LE LIEU DE NAISSANCE DE SAINT BERNARD

C'est au château de Fontaines-lès-Dijon qu'est né saint Bernard, abbé de Clairvaux. Les critiques des deux derniers siècles n'ont élevé aucun doute à ce sujet ; ceux de nos jours n'hésitent pas à maintenir cette assertion. Le Docteur Georges Hüffer, *privatdocent* à l'Académie royale de Munster, l'abbé Vacandard, aumônier du lycée de Rouen, révisent actuellement toute l'histoire de saint Bernard. Au cours de leurs recherches s'est présentée la question du lieu natal (1). Or, sur ce point, tous deux sont d'accord avec Mabillon et les Bollandistes (2). La science ne conteste donc pas à Fontaines son titre de Berceau de saint Bernard. Mais, afin que chacun puisse proclamer, en connaissance de cause, la légitimité de ce titre, la première de ces *Notes* sera consacrée à l'exposé des preuves qui en sont la justification. Elle résumera les plus récentes études qui ont paru sur la question, et les complétera par quelques nouveaux détails.

Les deux arguments décisifs — les seuls que nous nous proposons de faire valoir — se tirent : 1° du

---

1. *Der heilige Bernard von Clairvaux*, Münster, 1886, p. 138 et suiv. — *Revue des Questions historiques*, 1ᵉʳ avril 1888, p. 360.
2. Mabillon, *Sancti Bernardi opera*, édit. 1667, T. I, p. 1. — *Acta SS.* 20 aug. Migne, P. L. T. CLXXXV, col. 644.

témoignage des premiers biographes de saint Bernard, qui furent ses contemporains ; 2º des monuments de la tradition locale.

## § 1ᵉʳ. — *Témoignage des premiers biographes*

Aujourd'hui que l'on a sérieusement examiné tous les textes manuscrits ou imprimés des anciennes vies de l'abbé de Clairvaux, il est facile de bien dégager le témoignage de ses premiers biographes relativement au lieu de sa naissance. Mais, comme ce témoignage n'est pas uniforme, et que nous avons à discerner la vérité de l'erreur en confrontant des textes de valeur inégale, le lecteur a besoin d'être fixé sur l'autorité respective des sources où nous allons puiser. A cette fin, devions-nous le renvoyer au savant travail du Docteur Hüffer, ou bien à l'intéressante analyse qu'en a donnée l'abbé Vacandard dans la *Revue des Questions historiques*? Nous avons préféré rappeler nous-même l'origine et la nature des biographies primitives, et dire un mot, soit des manuscrits parvenus jusqu'à nous, soit des principales éditions imprimées. Le présent paragraphe comprendra donc un rapide examen des sources, puis la confrontation des textes.

1° Examen des sources.

Les quatre vies de saint Bernard dues à ses contemporains sont généralement désignées par les numéros d'ordre qu'elles tiennent des éditeurs : *Vita 1ª*, *Vita 2ª*, etc. Toutefois, le classement adopté n'est point chronologique : la première écrite est la *Vita 3ª*.

Cette *Vita 3ª*, appelée aussi *Vita brevior*, n'est, à vrai dire, qu'un recueil de documents, et mérite mieux un autre nom qu'on lui donne encore, *Fragmenta*, soit, en bon français, *Notes* ou *Mémoires*. Ce recueil s'arrête à l'année 1145. Il est anonyme, mais tous les critiques lui assignent pour auteur Geoffroi d'Auxerre, qui, après avoir suivi les leçons d'Abélard, se fit disciple de saint Bernard, vers 1140, et fut l'un de ses secrétaires. Geoffroi semble avoir rédigé ses Mémoires pour Guillaume, abbé de Saint-Thierri, retiré à Signy chez les Cisterciens, lequel, sur les instances des moines de Clairvaux, accepta d'écrire l'histoire de leur vénéré maître, son ami. En tout cas, il faut certainement voir dans les *Fragmenta* un premier jet, un amas de matériaux, une mine exploitée pour la composition des biographies proprement dites.

La plus importante de ces vraies biographies est la *Vita 1ª*. Elle ne comprenait, à l'origine, que cinq livres : les livres sixième et septième sont des additions postérieures dont nous n'avons point à nous occuper. C'est à Guillaume de Saint-Thierri qu'appartient l'honneur d'avoir commencé à l'écrire. Il se mit à l'œuvre en 1145 ; mais, dès 1151, la mort l'arrêtait, et les pages qu'il a laissées ont formé seulement le Livre I. Deux ans après mourait saint Bernard. La continuation du travail de Guillaume s'imposait. On déféra cette tâche à un autre ami de l'illustre défunt, Arnaud, abbé de Bonneval, qui donna le Livre II. L'année 1156, dernière date connue du gouvernement d'Arnaud à Bonneval, marque approximativement la fin de sa collaboration à l'histoire de saint Bernard. Alors, Geoffroi reprit ses Mémoires (*Vita 3ª*), dont s'étaient servis Guillaume et Arnaud, et presque aussitôt, en 1156 ou 1157, sur la motion et avec le concours d'une assemblée d'évêques et d'abbés, tenue vraisemblablement à Clairvaux, il acheva lui-même la biographie deux fois interrompue (1).

1. La tenue de cette assemblée est attestée par un prologue dont nous parlons plus loin, et que Waitz a publié, en 1882, dans le *Monumenta Germaniæ historica scriptorum* (T. XXVI, p. 109). En voici le début : *Incipit prologus episcoporum et abbatum multorum in ultimos tres libellos de vita venerabilis Bernardi abbatis Clarevallensis. — Post B. P. nostri Bernardi Clarevallensis abbatis excessum, ad ipsius memoriam filiali devotione convenimus nos episcopi et abbates, qui, in horam usque novissimam, indigni licet, sacris ejus vestigiis adhærentes, quod de illo homine*

Aux deux premiers livres il ajouta le *Tertium opus* comprenant les Livres III, IV et V. Toutefois le travail accompli dans cette circonstance fut moins la rédaction des livres ajoutés que leur adoption officielle, après examen préalable. En effet, le Livre V n'est qu'une édition nouvelle d'une relation des derniers jours de saint Bernard, adressée, peu après sa mort, par Geoffroi à Eskil, archevêque de Lund. Le Livre IV a été formé de la partie des Mémoires qui restait à mettre en œuvre, et de quelques autres documents recueillis encore par Geoffroi. Enfin le portrait de saint Bernard qui remplit le Livre III, avait dû être tracé de bonne heure par le pieux secrétaire, afin de se consoler de la perte prématurée de son maître.

La compétence de l'assemblée qui présida à l'achèvement de la biographie, fut notifiée dans un prologue mis en tête du *Tertium opus*. Cette préface, rédigée au nom de tous les évêques et abbés présents, est de la

*Dei hominibus innotescere potuit plenius et perfectius, tam nostra ipsorum experientia diuturna quam illius erga nos speciali dignatione, cognovimus. Unde etiam visum est nobis oportere ex hiis aliqua posteris servanda litteris commendari...* L'année où se réunirent les évêques et les abbés -- 1156 ou 1157 — est déterminée par certain passage du Livre IV de la *Vita* et de l'*Exordium magnum* (Migne, Patr. lat. T. CLXXXV, col. 335 et 1087). Devaient faire partie de l'assemblée Godefroi de la Roche, évêque de Langres, Alain, évêque d'Auxerre, et surtout Geoffroi lui-même, alors abbé d'Igny. Le D' Hüffer et l'abbé Vacandard ont, par erreur, omis de remarquer que Geoffroi avait déjà la dignité abbatiale, et siégeait par conséquent parmi les autres membres. Le *Gallia christiana*, dans la nomenclature des abbés d'Igny, lui consacre ces deux lignes : *Gaufridus I sedebat anno 1159 rexitque* **sex** *circiter annis, factus anno 1162 abbas Claravallis* (Gall. chr. 1751, T. IX, col. 301. La date de 1162, qui est exacte, marque la fin de ce gouvernement, mais, puisqu'il dure environ six ans, 1159 n'en est point la date initiale, il faut remonter jusqu'à 1156. En effet, le cartulaire d'Igny porte le nom de Geoffroi comme abbé du lieu pendant les années 1157, 1158, 1159 (Renseignement dû à l'obligeance de Dom Piolin, Lettre du 16 mai 1890). La date de la mort du prédécesseur immédiat, Guerric I, n'est pas certaine. Le *Gallia christiana* insinue 1155 ou 1156 (l. c.). Fabricius donne 1155 (Migne, P. L. T. CLXXXVIII, col. 983); Manrique et Le Nain, 1157 (Migne, P. L. T. CLXXXV, col. 10. — *Essai de l'hist. de l'Ordre de Citeaux*, T. I, prem. table chron. ; T. V, p. 129; T. VII, p. 121). On peut prendre 1156 (Lettre de D. Piolin). Ainsi Geoffroi était abbé d'Igny en 1156 ou 1157; il était membre qualifié de l'assemblée de Clairvaux, et ce fut sur la motion et avec le concours de ses *collègues* qu'il acheva la *Vita*, en ajoutant ses propres écrits aux deux livres de Guillaume et d'Arnaud. Ces deux livres furent en même temps soigneusement examinés.

main de Geoffroi, compris parmi ces derniers, comme abbé d'Igny (1).

Ainsi vit le jour la première histoire de saint Bernard, vraiment digne de ce nom. C'était l'œuvre de l'amitié et de la reconnaissance filiale, l'hommage d'une ardente admiration, mais en même temps un récit consciencieux, dont la sincérité était garantie et par le caractère des auteurs, et par l'examen d'un groupe d'évêques et d'abbés cisterciens, ayant vécu en constantes relations avec le saint.

Évidemment, la part prépondérante dans la rédaction de cette histoire revenait à Geoffroi. Ses droits d'auteur sur ce travail étaient incontestables. Il en usa donc, et fit une seconde édition de tout l'ouvrage, qu'il termina vers 1162-1165, lorsqu'il était abbé de Clairvaux (2). De là — chose très importante à noter pour la critique — deux *recensions* de la *Vita I*: la *recension A*, forme plus ancienne, mais qui attendait les retouches du correcteur; la *recension B*, texte expurgé et définitif. — Dans celle-ci, le prologue du *Tertium opus* présente des changements notables. Tout ce qui se rapportait à l'assemblée de Clairvaux en a été supprimé. Ce n'est plus la préface collective des évêques et des abbés; c'est celle de Geoffroi seulement, qui accuse alors sa personnalité d'auteur, et révèle les motifs qu'il a eus de joindre ses propres livres à ceux de Guillaume et d'Arnaud. De plus, les modifications du texte primitif ne portent pas uniquement sur le *Tertium opus*, mais elles s'étendent aux Livres I et II, qui ont subi de légères retouches dans l'intérêt de la vérité, de la précision et du style.

---

1. Nous attribuons à Geoffroi la rédaction du prologue des évêques et des abbés. Le rôle qu'il eut dans l'assemblée ne permet guère un autre sentiment. D'ailleurs il s'appropria ce prologue, et le transforma d'une manière complète, dans une seconde édition de la *Vita*, dont nous allons parler. Enfin on conçoit que, par déférence pour des collègues quelque peu ses collaborateurs, il ait effacé sa personnalité et fait hommage à toute l'assemblée du mérite de l'achèvement de la *Vita*. Mais un tel procédé serait-il le fait d'un membre de la réunion différent de l'auteur des trois derniers livres?

2. *Der heilige Bernard von Clairvaux*, p. 140-142.

Malgré les amendements de l'édition corrigée, la *Vita 1ᵃ* n'avait cependant pas conquis tous les suffrages. Plusieurs réclamaient un récit mieux condensé, d'une exactitude plus rigoureuse encore, présentant les faits dans leur ordre chronologique, et non, comme précédemment, parfois intervertis en vue d'un effet à produire. Tel était spécialement le désir de Godefroi de la Roche, l'un des proches parents de saint Bernard et son ami d'enfance (1). Il avait renoncé au siège épiscopal de Langres pour revenir à sa solitude de Clairvaux, à l'époque à peu près où l'administration de cette abbaye passait dans les mains de Geoffroi. Peut-être ne fut-il pas étranger à la sérieuse révision exécutée par celui-ci. Quoiqu'il en soit, il préparait lui-même un autre travail lorsque sa mort, arrivée sur la fin de 1166, l'empêcha de l'accomplir. Le projet toutefois ne fut pas abandonné. Il fut repris par Alain, qui, successivement moine à Clairvaux, abbé de Larivour et évêque d'Auxerre, démissionna pour se retirer à Larivour, en 1167. Alain composa donc la *Vita 2ᵃ*. Ce fut dans l'intervalle de 1167 à 1170, puisqu'il écrivait après la mort de Godefroi de la Roche, et qu'il dédia la nouvelle biographie à Ponce, abbé de Clairvaux, dont le gouvernement finit en 1170. — Résumé de la précédente, la *Vita 2ᵃ* n'est pas l'œuvre d'un abréviateur servile et vulgaire. Alain garde, il est vrai, tant qu'il peut, les expressions du récit qu'il condense, mais l'art et le bon goût relèvent son travail. On ne lui reproche qu'une tendance au panégyrique.

La *Vita 4ᵃ*, petit opuscule divisé en deux livres, n'est pas une biographie, mais l'assemblage de quelques récits, mélangés de réflexions, sur saint Bernard et sa famille. L'auteur, Jean l'Ermite, qui paraît avoir écrit vers 1180-1190, est un personnage assez problématique. Il donne en plein dans le panégyrique, et confond parfois la légende avec l'histoire. Son principal mérite est

---

1. Migne, P. L. T. CLXXXV, col. 469.

de nous avoir transmis des particularités qu'il tenait du moine Robert, dit le neveu de saint Bernard.

Ce simple aperçu de l'origine et de la nature des *Vitæ* montre où l'on trouvera, sûr et décisif, le témoignage des premiers biographes de saint Bernard relativement au lieu de sa naissance. Sans nul doute, les sources véridiques sont la *Vita 1ª recension B* et la *Vita 2ª*. Si l'on remarque dans les autres un témoignage contradictoire, il doit être écarté ; un témoignage conforme et plus détaillé, il apportera une confirmation et des éclaircissements. — Mais, avant d'appliquer ce principe, il faut dire quelque chose des textes manuscrits ou imprimés.

Les manuscrits de la *Vita 1ª* sont les plus curieux à étudier, à raison de leur nombre, de leur origine et de la variété des leçons. Le Docteur Hüffer en a dressé la liste (1). Il en compte 102, disséminés dans diverses bibliothèques, en France, en Allemagne, en Italie, etc. Une vingtaine sont du xiiᵉ siècle, une trentaine du xiiiᵉ, et le reste appartient aux deux siècles suivants.

Les deux premiers de la liste, conservés l'un à Paris (2), l'autre à Dusseldorf, ne contiennent, parmi d'autres écrits de différente provenance, que le Livre V dans la forme où il fut envoyé à Eskil de Lund, mais déjà quelque peu modifiée. L'épître dédicatoire adressée à cet archevêque se trouve transcrite en tête du livre (3). Le manuscrit de Paris est l'autographe même de Geoffroi. Les pages en sont surchargées de corrections nombreuses, ajoutées par l'auteur. On voit de ce chef, ainsi que par les variantes de l'apographe de Dusseldorf, comment Geoffroi avait coutume d'amender, à maintes reprises, son premier jet (4).

---

1. *Der heilige Bernard von Clairvaux*, p. 108 et suiv.
2. Bibl. nat. lat., n° 7561, p. 65-87.
3. La lettre de Geoffroi à Eskil de Lund a été imprimée dans Baluze, *Miscellanea*, éd. Mansi, T. II, p. 235. — Mabillon, *Opera Bern.*, éd. 1719, T. II, p. 1130. — *Mon. SS.*, T. XXVI, p. 117.
4. *Monumenta scriptorum*, T. XXVI, p. 93. — *Der heilige B.*, p. 117 et suiv.

Les 100 autres manuscrits renferment la *Vita I*, quelques-uns, incomplète; la plupart, avec ses cinq livres. Ils se partagent par moitié entre les deux recensions A et B. Presque tous ceux de la série A viennent, originairement, des bords du Rhin, de la Belgique ou de l'Allemagne. C'est donc dans cette région que la première forme ou recension s'est propagée et maintenue avec un succès persistant. La seconde, loin d'y avoir prévalu, n'a produit qu'une légère modification de son aînée, dans des copies d'une époque déjà tardive. Quant aux manuscrits de la série B, ils proviennent surtout de Clairvaux, Cîteaux, Pontigny, et en général d'abbayes françaises ou italiennes. Ainsi, la seconde édition de la *Vita I* prédomina dans ces monastères à l'exclusion de la première, qui finit par disparaître à peu près totalement de nos contrées et du Midi.

On aimerait à trouver réunis, mais distincts, dans quelque bonne édition imprimée, les deux textes de cette importante biographie. Ce vœu reste encore à satisfaire. Avant le xvii<sup>e</sup> siècle, on publia plusieurs fois le texte du type B, avec les œuvres de saint Bernard. Horstius et Mabillon l'amendèrent tour à tour. Mais en même temps ils le surchargèrent d'emprunts faits aux *codices campensis* et *corbeiensis*, qui appartenaient l'un et l'autre au type plus ancien. De la sorte ils ont, à leur insu, réintroduit dans l'édition expurgée par Geoffroi maints passages que celui-ci avait éliminés. C'est cette forme hybride que Migne et les autres éditeurs de notre époque ont reproduite. Heureusement, du moins, des crochets marquent les passages réintégrés par erreur; le lecteur peut les supprimer et ainsi restituer à peu près la recension B. — Pour la recension A, on se fait une idée de son ensemble en lisant la vie de saint Bernard dans Surius: idée trop peu exacte, pourtant, car le texte donné par cet auteur a été tiré d'un manuscrit mixte. Waitz a fait paraître des extraits sincères de la même recension, dans la grande collection du *Monumenta Ger-*

*maniæ historica scriptorum* (1). Mais le savant paléographe s'est attiré un reproche mérité. Du moment qu'il choisissait entre les deux textes, le second, plus exact, avait droit à ses préférences, et devait trouver place dans le corps de l'ouvrage, tandis que les variantes du premier auraient passé dans les notes : en un mot, il fallait suivre une voie inverse de celle qu'il a prise. A part cette restriction, on saura gré à Waitz d'avoir commencé à démêler les deux recensions l'une de l'autre.

Le Docteur Hüffer signale 10 manuscrits de la *Vita 2ª*, tous français d'origine et actuellement conservés dans les bibliothèques publiques de Troyes, Paris, Évreux, Valenciennes, Arras. Ils datent des XIIᵉ et XIIIᵉ siècles, excepté deux qui sont du XVᵉ. A ces dix exemplaires il faut ajouter celui que possède maintenant la Maison de Saint-Bernard, à Fontaines-lès-Dijon. Ce manuscrit, qui paraît appartenir au XIIIᵉ siècle, a été trouvé, vers 1850, à Châtillon-sur-Seine, dans un amas de livres provenant des anciens monastères de la ville ou du voisinage et vendus pendant la Révolution. Il contient un commentaire de la Règle de saint Augustin avec la Vie de saint Bernard (2). — Depuis Mabillon, toutes les éditions imprimées de l'abrégé d'Alain sont correctes.

L'abbaye d'Orval possédait encore au XVIIᵉ siècle un manuscrit de la *Vita 3ª*, qui s'est perdu depuis. Il en existe heureusement deux transcriptions complètes, l'une à Bruxelles, chez les Bollandistes, l'autre à Paris, à la Bibliothèque nationale (3). Cette seconde copie est de la main de Jean Bouhier, conseiller au Parlement de Bourgogne et aïeul du célèbre président du même nom.

1. T. XXVI, p. 95-120.
2. Ce manuscrit a été gracieusement offert à la Maison de Saint-Bernard par M. l'abbé Maubert, curé-doyen de Montbard. Il l'avait découvert lui-même, à l'époque de son vicariat à Châtillon, chez M. Jully, négociant de cette ville. Le volume, en parchemin, est de la grandeur du format in-12. Il manque un ou deux feuillets au commencement du commentaire de la Règle de saint Augustin ; quelques-uns de ceux de la Vie de saint Bernard sont lacérés.
3. Bibl. nat. cod. lat., petit in-folio, 17639 (Bouhier, 69 bis).

Avant de parvenir à Bouhier, le *codex aureævallensis* avait passé sous les yeux de Vignier et de Chifflet. Tous deux y puisèrent des extraits que le premier a laissés dans ses mélanges inédits (1), mais que le second a fait imprimer en 1679 dans son volume intitulé : *Opuscula quatuor* (2). Le nombre de ces extraits imprimés s'est successivement accru par les soins de Mabillon, du P. Pien, bollandiste (3), et du D$^r$ Hüffer. Néanmoins, pour connaître intégralement la *Vita 3*, il faut recourir aux copies de Paris ou de Bruxelles.

Le seul exemplaire manuscrit de la *Vita 4* que l'on connaisse, se trouve à la Bibliothèque Laurentienne de Florence (4). Chifflet en a publié le texte exact dans le *Sancti Bernardi genus illustre assertum*, paru en 1660, et ce texte a été fidèlement reproduit par Mabillon et les autres éditeurs.

2° Confrontation des textes.

Après les explications précédentes, il reste peu à faire pour répondre à cette question : Quel est, sur le lieu de naissance de saint Bernard, le témoignage authentique et recevable de ses premiers biographes ?

Voici les textes des *Vitæ* qui expliquent où est né saint Bernard :

VITA 1$^a$, RECENSION A : *Bernardus* **Castellione** *Burgundiæ oppido oriundus fuit* (5).

VITA 1$^a$, RECENSION B : *Bernardus Burgundiæ partibus* **Fontanis** *oppido patris sui oriundus fuit* (6).

1. Bibl. nat., *Décade hist.* T. II (n° 5994) p. 151 et suiv.
2. Bibl. de la M. de S. B. à Fontaines-lès-Dijon : *Chiffletii Opuscula quatuor*, Parisiis, 1679, p. 163-224.
3. *Act. SS.* 20 aug. — Migne, P. L., T. CLXXXV, col. 653-658 et 968-970.
4. *Revue des Q. H.*, 1$^{er}$ avril 1888, p. 379.
5. *Mon. SS.*, T. XXVI, p. 96.
6. Ibid. — Migne, P. L., T. CLXXXV, col. 227.

Vita 1ª, mixte : *Bernardus ergo* **Burgundiæ oppido** *oriundus fuit* (1).

Vita 2ª : *Bernardus Burgundiæ partibus* **Fontanis** *oppido patris sui oriundus fuit* (2).

Vita 3ª : L'auteur n'aborde pas la question. Il commence par vanter la célébrité du *castrum* châtillonnais et par louer ses *proceres*, entre lesquels se distinguait Tescelin le Saure, *miles fortissimus... indigena Castellionis, sed dominus minoris castri, cui* **Fontanæ** *nomen est, quod famosissimo illi* **castro Divionis supereminet,** *in excelsa rupe locatum* (3). Après avoir fait l'éloge du preux chevalier, il parle de son épouse, *Helisabeth* (sic), *Bernardi de Montebarro filia*; puis il arrive à leurs enfants : *Peperit ergo Helisabeth viro suo non dissimilem tantis parentibus sobolem, Guidonem et Girardum. Dehinc concepit et tertium tertiâ conceptione felicior, dumque nobili pondere staret onusta...* (Récit du songe d'Aleth). *Cum natus esset, mater eum accipiens et elevans in cœlum quam altius potuit, obtulit Deo fructum uteri sui. Quod sane et de cæteris... facere consuevit... Verumtamen filium hunc, divino edocta oraculo, tenerius omnibus dilexit; unde et patris sui ei nomen imposuit, Bernardum eum vocans* (4). Et il ne dit rien de plus, touchant l'origine et la naissance de saint Bernard.

Vita 4ª : *Beatissimus igitur Bernardus,* **in pago Lingonensi, Fontanis,** *oppido patris sui, digna propagine oriundus fuit... Genitor ejus Tescelinus nomine, genitrix vero Aalays... Fuit* **in partibus Burgundiæ,** *ut supra texuimus, vir vitæ laudabilis Tescelinus nomine et uxor ejus Aalays* (5).

On le voit tout de suite, malgré le texte favorable à

---

1. Surius, *De probatis SS. vitis*, ed. 3ª, Coloniæ 1618, T. IV, p. 197-243.
2. Migne, l. c., col. 470.
3. *Op. quatuor*, p. 169-170. — Migne, l. c., col. 524.
4. Bibl. nat. Vignier, l. c.; et cod. lat. 17639, fol. 2.
5. Migne, l. c., col. 535-537.

Châtillon, le doute n'est pas possible, c'est à Fontaines qu'on doit placer la naissance de saint Bernard, d'après ses premiers biographes. En effet, suivant le principe énoncé plus haut, les témoignages qui font loi sont ceux de la *Vita 1¹ recension B* et de la *Vita 2¹*. Or ils sont en faveur de Fontaines.

Entrons d'ailleurs dans quelques détails.

Des trois variantes de la *Vita 1¹*, la première est la rédaction de Guillaume de Saint-Thierri, — la deuxième, la correction des continuateurs, — la troisième, une leçon imaginée par des transcripteurs qu'embarrassait la contradiction des deux textes A et B. Tout cela est fort bien établi par la collation des divers manuscrits.

En conséquence, c'est à Châtillon que Guillaume fait naître saint Bernard. Mais son témoignage est bientôt récusé : la seconde édition de la *Vita 1¹*, ne le reproduit point. Geoffroi, auteur des remaniements, substitue Fontaines à Châtillon, et, quels que soient les motifs qui lui aient fait omettre la mention du lieu natal dans ses Mémoires (*Vita 3¹*), la recension B nous apporte là-dessus nettement sa pensée. Alain, qui veut être plus exact que ses devanciers, s'accorde avec Geoffroi. Jean l'Ermite les suit fidèlement. Il n'y a donc de contradiction pour Fontaines que de la part de Guillaume. Mais celui-ci n'eut pas le temps de mettre la dernière main à son travail, il ne put même le pousser loin, et, quand on nous présente son livre sous une forme définitive, c'est avec la leçon : *Bernardus Burgundiæ partibus Fontanis*, etc. La rectification est faite d'une manière absolue, donnée sous le nom de Guillaume, en sorte qu'on serait tenté de croire qu'elle est de lui. En bonne critique, il faut admettre que l'abbé de Saint-Thierri s'est trompé.

Quelles causes l'ont induit en erreur? Saint Bernard se rattache, par ses origines paternelles, autant à Châtillon qu'à Fontaines (1). Châtillon paraît avoir été l'une

---

1. *Hist. de S. Bernard*, par l'abbé G. Chevallier, T. I, p. 3 et 13.

des principales résidences de sa noble famille. C'est là qu'il fit ses études, sous la direction des chanoines de Saint-Vorles, là qu'il s'éprouva avec ses fervents compagnons, avant de quitter le siècle. D'autre part, quand Guillaume commença d'écrire, ne manquait-il pas, comme il arrive d'ordinaire, d'éclaircissements complets sur quelques détails de son sujet, et en particulier sur le vrai lieu natal du saint? Cet ensemble de circonstances suffit à expliquer la possibilité d'une méprise dans un travail inachevé (1). Mais, n'importe, ce qui est plus intéressant à relever, c'est la date exacte de la correction. Or cette correction était certainement accomplie en 1167-1170, lorsqu'elle passait dans la compilation d'Alain; elle l'était en 1162-1165, car la mention de Fontaines comme lieu natal de saint Bernard est une des leçons caractéristiques de la recension B (2). Ne fut-elle pas une conséquence de l'examen des diverses parties de la *Vita* par les évêques et les abbés réunis à Clairvaux en 1156 ou 1157? Rien n'empêche de le croire (3).

1. Le D' Hüffer (l. c., p. 139-140) explique ainsi cette erreur. Que le château de Fontaines, dit-il, fût possédé par la famille de saint Bernard, Guillaume ne l'ignorait pas, puisqu'il commence le récit du départ du saint et de ses trente compagnons pour Citeaux en ces termes : *Cumque exirent de mansione Guidonis primogeniti quæ Fontanæ dicebatur* (Surius, l. c., p. 201). Il lisait d'ailleurs, au sujet de Tescelin, dans les *Fragmenta Gaufridi* (Vita 3ᵃ) qui lui servaient de documents : *Erat quidem indigena Castellionis sed dominus minoris castri cui Fontanæ nomen est.* Mais ces Mémoires de Geoffroi, qui n'indiquent expressément le lieu natal d'aucun des fils de Tescelin, appuient tellement sur Châtillon comme lieu d'origine et d'habitation du noble seigneur, que Guillaume aura pu être trompé par là. Heureusement, ajoute le D' Hüffer, Geoffroi lui-même était destiné à réparer l'erreur que sa plume avait occasionnée.

2. *Der hl. B.*, p. 138 et suiv.

3. L'assemblée comprenait les plus intimes connaissances de saint Bernard : Godefroi de la Roche, Geoffroi, etc. Le livre de Guillaume y fut examiné *diligenter*. Aura-t-on maintenu le passage fautif, surtout si la conjecture du D' Hüffer, rappelée dans la note précédente, a quelque fondement? C'était pour Geoffroi l'occasion naturelle de redresser l'erreur qu'il avait involontairement causée. En vain opposerait-on ces lignes du prologue des évêques et des abbés : *Verumptamen quæ de eodem Patre nostro a R. abbatibus Willelmo sancti Theodorici et Ernaldo Bonevallis fideliter scripta repperimus,* **diligenter quidem examinata, sicut erant recipere quam rescribere et approbare maluimus quam mutare.** *Libenter enim parcimus stilo, ubi testimonio licet esse contentos.* (Mon. SS., T. XXVI, p. 109). Car cette observation est répétée, sous une autre forme, dans le prologue de Geoffroi : *Inde*

Cependant les plus anciennes copies du Livre I contenaient la leçon fautive, et elles engendrèrent au loin un grand nombre d'apographes exactement similaires. Vainement l'édition corrigée opposa-t-elle ensuite sa variante, dans les pays éloignés de Clairvaux et de la Bourgogne. Là, on ne pouvait faire appel aux souvenirs locaux, qui aident à préciser un détail historique. Le texte primitif fut donc le plus souvent gardé. Des transcripteurs embarrassés supprimèrent le nom de l'*oppidum* natal (1). Quelques-uns, mais fort rares, reçurent avec

est quod, **intactis eorum libris** *qui de ejusdem beatissimi Patris nostri initiis, seu etiam mediis, conscripserunt, ne tanquam super alienum ædificasse videar fundamentum, circa ea potissimum noster sermo versatur quibus pene omnibus præsens adfui, interdum etiam, licet pauca, interserens quæ fidelissima fratrum qui aderant relatione cognovi* (Migne, l. c., col. 302). Et pourtant les deux premiers livres, dans la recension B, ont subi des retouches certaines, celle notamment qui rétablit le véritable lieu natal de saint Bernard. En sorte que les remaniements considérables sont seuls exclus par ces mots : *intactis eorum libris*. Or le passage précité du premier prologue doit s'interpréter de même. — Un fait assez curieux d'ailleurs c'est que l'unique manuscrit qui contienne le prologue des évêques et des abbés porte la leçon rectifiée. C'est le *codex duacensis* (Bibl. de Douai, n° 372) qui provient de l'abbaye d'Anchin, et date de la fin du XII° siècle (D' Hüffer, l. c., p. 105, 108, 126, 130). Ledit prologue s'y trouve, à sa place, en tête du *Tertium opus*, et dans la *Vita* de recension A. Siger, auteur du manuscrit, eut les deux textes A et B sous les yeux. Cependant c'est le premier qu'il donne ; et, du second, il a seulement transcrit, après la vie de saint Bernard, le prologue de Geoffroi : *Clarissimi Patris...* (Migne, l. c., col. 301), avec un passage du cinquième livre : *Frater Guillelmus de Monte-Pessulano...* (Ibid., col. 303). Sans doute, il a pu faire passer de B dans A la leçon de Fontaines au lieu de Châtillon. Mais il n'a pas moins pu trouver dans son texte A, sous la garantie de l'approbation des évêques et des abbés, la leçon exacte. Il faut bien remarquer, en effet, que, si l'on détermine aisément la date à laquelle s'achevèrent les corrections caractéristiques de la recension B, il n'en est pas de même de la date où elles furent commencées. Geoffroi, seul ou avec d'autres, dut de bonne heure revoir la *Vita*. Ses habitudes littéraires, qui étaient de polir et d'amender sans cesse ses écrits, permettent de le penser. En conséquence, ce ne serait point chose surprenante qu'il eût soumis à l'examen de ses collègues de l'assemblée un texte de Guillaume dans la forme même où l'a donné Siger. Mais, alors, si les évêques et les abbés réunis à Clairvaux en 1156 ou 1157 ont approuvé le *Liber I* avec la leçon de Fontaines, comment se fait-il que presque tous les exemplaires de la recension A contiennent celle de Châtillon ? Observons que ce qui constitue la recension A c'est le texte tout-à-fait primordial, et par conséquent, pour le *Liber I*, celui que Guillaume laissa en mourant, l'année 1151. Or, de 1151 à 1156 ou 1157, ce livre fut vraisemblablement copié plusieurs fois, et ces premières transcriptions auront propagé la leçon inexacte.

1. Le D' Hüffer, l. c., p. 128, indique six manuscrits d'origine rhénane et classés dans la recension A, où l'on trouve la leçon indéterminée reproduite par Surius : *Bernardus ergo Burgundiæ oppido oriundus fuit.*

confiance la leçon rectifiée, et l'insérèrent même dans la recension A (1). Les choses se passèrent à l'inverse dans le pays de saint Bernard, où la leçon véridique était facile à discerner. Le texte nouveau, avec toute la recension B d'ailleurs, fut admis sans obstacle, et finit par être seul conservé.

Après cela, rien d'étonnant que certains chroniqueurs ou historiens aient placé la naissance de saint Bernard à Châtillon. Un des continuateurs de la Chronique de Sigebert, le moine d'Ourscamps, qui fit son travail entre 1155 et 1200, suivit la leçon ancienne (2). De l'*Auctarium ursicampinum*, la même leçon passa dans le *Speculum historiale* de Vincent de Beauvais (3). On la trouve encore, au xv<sup>e</sup> siècle, dans Platina, Hartman Schedel, Foresti, et, au commencement du xvi<sup>e</sup>, dans Emili Paolo (4). Gutolfe, religieux du monastère cistercien de Sainte-Croix, en Autriche, composa, en vers, au xiii<sup>e</sup> siècle, une vie de saint Bernard ; il salue aussi Châtillon comme la patrie du grand abbé (5). Mais ces échos répercutés de l'erreur primitive sont trop évidemment des témoignages sans valeur.

Est-il possible de se méprendre sur le castel bourguignon du nom de Fontaines où naquit saint Bernard, et comment voir autre chose qu'une facétie dans les soi-disant revendications de Fontaines-en-Duesmois? Cette légende, née d'hier, agrémente le *Voyage d'un touriste dans l'arrondissement de Châtillon-sur-Seine*, par

---

1. Deux manuscrits mixtes (ibid., p. 126) dont le texte A forme le fond, présentent la leçon du véritable lieu natal de saint Bernard.

2. *Mon. SS.*, T. VI, p. 471 : *Bernardus, juvenis egregius, scientia, moribus et genere clarus, vir postmodum magnæ virtutis exemplar futurus, Castellione castro Burgundiæ oriundus, cum germanis fratribus et aliis comitibus multis Cistercii habitu religionis induitur, et miro religiositatis fervore conversatur.*

3. *Spec. hist.*, lib. XXVI, cap. 22.

4. Migne, l. c., col. 1391.

5. *Bernardus Gutolfi monachi*, Nuremberg, 1743, T. I, p. 15. — Le D<sup>r</sup> Hüffer, l. c., p. 151, signale, à Vienne (Autriche), un manuscrit de 1254, contenant cette Vie de saint Bernard écrite en vers. Il soupçonne que c'est l'autographe de Gutolfe.

E. Nesle (1). L'auteur était un peintre de talent ; mais sa science archéologique n'égalait point l'habileté de son pinceau. Abusé par son attachement pour Châtillon, qu'il habita longtemps, il eut voulu, avec quelques autres amateurs d'antiquités, rattacher la naissance de saint Bernard, sinon à cette ville, du moins à l'arrondissement dont elle est le chef-lieu. Qu'on relise les textes cités plus haut. Les deux premières *Vitæ* déterminent seulement le castel de Fontaines où saint Bernard est né, en l'appelant l'*oppidum patris sui*. Mais d'une part, les Notes ou Mémoires de Geoffroi (*Vita 3ª*), qui ont servi de base à ces deux biographies et dont la rédaction était plus prolixe, nomment littéralement « Fontaines-lès-Dijon » le *castrum* dont Tescelin était seigneur. La concision du texte des *Vitæ* 1ª et 2ª n'équivaut pas à une contradiction : c'est, à n'en pas douter, le même castel qui s'y trouve désigné. D'autre part — ceci sera développé tout à l'heure — la tradition bourguignonne a toujours vu à Fontaines-lès-Dijon le domaine seigneurial de Tescelin. Même remarque à faire pour la tradition de l'ordre cistercien. Enfin, Jean l'Ermite, qui place Fontaines *in pago Lingonensi*, exclut Fontaines-en-Duesmois, situé, comme le *castrum Tuillium* de Gaudri, *in territorio Æduensi* (2). Mieux encore, le récit qu'il tenait de l'abbé Robert sur la mort de la B. Aleth, contient une de ces circonstances topiques où Fontaines-lès-Dijon est désigné de la façon la plus certaine. La pieuse châtelaine célébrait chaque année avec

---

1. *Voyage d'un touriste*, etc., 1860, p. 257. On avait déjà essayé, il y a deux siècles, de substituer à Fontaines-lès-Dijon, comme lieu natal de saint Bernard, Fontaines, près de Bar-sur-Aube. Cette tentative est rappelée par La Martinière, Piganiol de la Force, De Mangin : « Quelques écrivains ont fait des efforts inutiles pour prouver que ce n'est pas à Fontaines-lès-Dijon que saint Bernard est né, mais dans un autre village du même nom, qui est en Champagne, sur la rivière d'Aube, au-dessus de la ville de Bar-sur-Aube. » — *Le grand Dict. géogr., hist. et crit.*, par La Martinière, La Haye, 1726, T. III, art. *Fontaines*. — *Descript. hist. et géogr. de la France*, par Piganiol de la Force, 1753, T. IV, p. 30. — *Hist. eccl. et civ. du dioc. de Langres*, par de Mangin, 1765, T. II, p. 18.

2. Migne, l. c., col. 232.

grande dévotion et munificence la fête de saint *Ambrosius*, et ce fut dans l'occurrence de cette solennité qu'elle rendit son âme à Dieu (1). Il s'agit évidemment d'un saint qui était en particulière vénération dans le bourg de Tescelin. Or, quel est ce saint ? en quel village de Fontaines était-il honoré ? Il ne saurait être ici question de saint Ambroise de Milan, qui ne paraît pas avoir jamais été l'objet d'un culte spécial ni à Fontaines-lès-Dijon, ni à Fontaines-en-Duesmois. Mais, à Fontaines-lès-Dijon, le 1$^{er}$ septembre, on célébra, jusqu'à la veille de la Révolution, la fête de saint Ambrosinien, ancien titulaire de l'église du lieu, et ce culte remonte au xii$^e$ siècle (2). Aussi bien les nécrologes de l'abbaye de Saint-Bénigne, où fut inhumée la B. Aleth, portent son nom à la date du 1$^{er}$ septembre (3).

Concluons : le témoignage authentique et recevable des premiers biographes de saint Bernard sur le lieu de sa naissance doit se formuler ainsi : SAINT BERNARD EST NÉ A FONTAINES-LÈS-DIJON.

## § 2. — *Monuments de la Tradition.*

La tradition locale, interrogée, répond comme les premiers biographes. Nous allons dérouler sous les yeux du lecteur la chaîne ininterrompue des témoignages par lesquels elle s'affirme de siècle en siècle.

Entre l'époque présente et le xvii$^e$ siècle, au commencement duquel les Feuillants fondèrent un prieuré à Fontaines pour garder le berceau de saint Bernard, il serait superflu de fournir les preuves d'une tradition alors par trop notoire et unanime. Il suffira de constater l'état des croyances populaires au moment de la fonda-

1. Migne, l. c., col. 538.
2. Migne, l. c., col. 1393-1395 et 1418.
3. Migne, l. c., col. 1393-1395 et 1451.

tion du prieuré, puis de remonter le cours des siècles précédents.

Le contrat d'acquisition du château de Fontaines par les Feuillants, en date du 24 septembre 1613, expose que ces religieux, « ayant dès longtemps désiré d'édifier une église et monastère au lieu de *Fontaines-les-Dijon, qui est le lieu de la naissance de sainct Bernard*... ont supplié et fait supplier Messire Joachim Damas, chevalier, seigneur du Rousset... et dudict Fontaines, les vouloir acommoder de ladicte terre et seigneurie, ou du moins de la place, chastel et pourpris avec les dépendances dudict pourpris, *où est la très sainte et très recommandable chapelle en laquelle est né sainct Bernard* (1) ».

Les Lettres Patentes octroyées par Louis XIII aux acquéreurs, en février 1614 et juillet 1618, reviennent sur ces détails, et attestent, après information, « *qu'au dit lieu de Fontaines l'endroit où nasquit saint Bernard, a esté depuis dédié et appliqué à l'usage d'une chapelle* qui a esté et est encor vénérée et fréquentée par grand concours de peuple, et qu'en icelle plusieurs obtiennent des grâces et faveurs d'en haut, très singulières et extraordinaires, par les intercessions de ce glorieux saint (2) ».

Malabaila, feuillant italien, auteur d'une vie de saint Bernard, visitait à Fontaines-lès-Dijon, en 1622, le monastère établi dans le château paternel de l'illustre abbé et surtout *la camera ore gia nacque, convertita in un' oratorio*. Il rapporte comment ce pieux sanctuaire attirait de nombreux pèlerins, parmi lesquels les Chartreux mêmes de Dijon, qui s'y rendaient en procession chaque année (3).

Telles étaient donc les croyances populaires en Bourgogne, au commencement du XVIIᵉ siècle : c'était une

1. Archiv. de la Côte-d'Or, H, 996, layette F, n° 2.
2. Archiv. de la Côte-d'Or, H, 996, layette B, n° 2 et 5. — Migne, l. c., col. 1643.
3. *Vita del divoto et mellifluo dottore santo Bernardo, composta dal Don Filippo Malabaila*, Naples, 1634. p. 265, 408 et 45.

conviction générale que saint Bernard était né à Fontaines-lès-Dijon, et que l'oratoire du château avait été formé de sa « chambre natale ». Interrogeons les siècles antérieurs.

XVIe SIÈCLE. — Les processions et pèlerinages rappelés dans les documents qui précèdent, étaient fréquents dès le XVIe siècle. « Le 1er mai 1596, lit-on dans le *Livre de souvenance* du chanoine Pépin, on a accompli le vœu et faict *la belle procession générale à Fontaines, rendant grâces à Dieu et à Monsieur sainct Bernard* de la belle apparence des fruits et vins qui sont sur la terre (1). — Le 18 aoust 1593, note à son tour en son journal le conseiller Breunot, infini peuple va en dévotion *à Fontaines à saint Bernard* pour rendre grâces à Dieu (2) ». — Par acte notarié du 19 janvier 1544 (n. st. 1545), Pierre Chauchier « prêtre natif de Fontaines-lez-Dijon et demeurant audict lieu » fonda la fête de saint Joseph dans l'église paroissiale. Une des clauses de cette fondation est ainsi conçue : « Avant la messe solempnelle sera faicte *la procession en la chappelle Monsieur sainct Bernard dudict Fonteines.* » Par cette prescription, Pierre Chauchier se conformait aux usages établis, car il mentionne plus loin « *la procession que l'on a accostumé faire en la chappelle dudict saint Bernard,* avant la grand messe, tous les dimanches et festes solempnelles (3) ».

A quoi tenait l'attrait dès lors exercé par la petite salle du château qu'on avait convertie en oratoire? Sans aucun doute, au précieux souvenir qu'elle rappelait, et dont le contrat du 24 septembre 1613 contient la men-

---

1. *Analecta divionensia*, T. I, p. 151. — L'institution de la procession du 1er mai, à Dijon, remonte à Michel Boudet, évêque de Langres (1512-1529). *Histoire de la Confrairie de N.-D. de Bon-Espoir*, Dijon, 1733, p. 15.

2. *Anal. divion.*, T. I, p. 395. Le 18 août 1593 était le lendemain de la publication de la trève qui suspendait les hostilités entre les royalistes et les ligueurs.

3. Archiv. de la Côte-d'Or, G. 603. **Cures** du département. Fontaines-lès-Dijon layette A, fondations, n[os] 6 et 6 bis.

tion si expresse. Voici d'ailleurs un témoignage de l'époque où la tradition est clairement formulée. Guillaume Paradin, né à Cuiseaux, dans la Bresse chalonnaise, raconte, en ses *Annales de Bourgongne*, éditées l'an 1566, comment vînt à Cîteaux « saint Bernard *natif d'un château près de Dijon nommé Fonteines* (1). » Dans son livre *De antiquo statu Burgundiæ*, paru beaucoup plus tôt, en 1542, il cite aux alentours de Dijon *castellum cui a fontibus nomen, quod Bernardus abbas sanctissimus suis clarissimis illustravit crepundiis : olim Castellionensium equitum dominis* (domus), *hodie Christo ædes sacra* (2).

Alors florissait à Fonteines une confrérie de Saint-Bernard, d'institution déjà ancienne, et qui comptait des membres dans beaucoup de localités. Cette pieuse association solennisait sa fête particulière le dimanche après la Saint-Bernard. Elle avait ses « procureurs et gouverneurs ». Elle possédait des rentes constituées, des vignes, un « treuil » ou pressoir, et une maison spacieuse, vulgairement appelée « la Confrérie », dont dépendait une chapelle attenante, du vocable de Saint-Denis (3).

xv$^e$ siècle. — La tradition dont nous recherchons les vestiges, se révèle, très vivace, dans plusieurs chartes intéressantes du xv$^e$ siècle.

Le 18 novembre 1490, Laurent Blanchard, conseiller à la Chambre des Comptes de Dijon et seigneur de Fontaines pour un quart, donna son dénombrement. Il y est fait mention de *la grosse tour où fut né Monsieur saint*

---

1. *Annales de Bourgongne*, liv. II, p. 169.

2. *De antiquo statu Burgundiæ*, p. 140 (Bibl. de Dijon). — Migne, l. c., col. 644.

3. Archiv. de la Côte-d'Or, Comptes de la Fabrique de Fontaines, G, fond 40, Cures et Fabriques, Fontaines-les-Dijon. — La chapelle Saint-Denis, abandonnée depuis la Révolution, a fini par disparaître entièrement. La maison de la Confrérie subsiste et vient d'être restaurée et embellie par son propriétaire actuel, M. Henri Gérard, secrétaire du Comité de l'Œuvre de saint Bernard.

*Bernard*, voisine de la part du castel inventoriée (1).
— « L'an de l'Incarnation de Nostre Seigneur 1462 (n. st. 1463), le XX iour de Febvrier » Messire Bernard de Marey légua à l'abbaye de Cîteaux ce qui lui appartenait dans la forteresse et au finage de Fontaines. Une des charges imposées aux moines légataires fut l'érection d'une chapelle en l'honneur de Dieu et de saint Bernard, dans l'enceinte du vieux château féodal. Le testateur expose ainsi ses motifs : « Comme de très long temps i'ai eu et encore ay de présent grande dévotion à Dieu mon Créateur, à la Vierge Marie sa mère, et aussi à *Monseigneur sainct Bernard*, pour ce qu'il fut *natif au chastel dudit Fontaine et partit de la seigneurie dudit lieu*; et que d'icelle seigneurie et ligne je suis issu et descendu, etc. (2) » — Alexandre et Perrenote de Marey, frère et sœur de Bernard, avaient vendu, dès 1435, chacun leur part du même château à l'évêque de Chalon, Jean Rolin. La prise de possession officielle de la partie cédée par Perrenote s'accomplit « le mercredi 16ᵉ jour de mars, l'an 1434 (n. st. 1435) », Odot le Bediet de Dijon agissant en qualité de procureur de l'évêque. « Et en signe de ladite posession print Girard Bolon, maire commun audit Fontaines et gouverneur de la justice pour les seigneurs, le *verroul de la porte basse d'une grosse tour quarrée estans dedans ledit chastel de Fontaines, en laquelle tour, comme l'on dit, fut nez saint Bernart*, laquelle tour est arrivée par partaige à ladite damoiselle; prenant lequel verroul il bailla audit Odot le Bediet (3) » — Le partage rappelé datait de février 1429 (n. st. 1430). La charte qui l'attestait, aujourd'hui disparue, a été analysée par Chifflet. Il y était fait mention — évidemment dans la désignation du lot de Perrenote — *de la grosse tour de Fontaines vulgaire-*

---

1. Archiv. de la Côte-d'Or, B, 10587, cote 38.
2. Migne, l. c., col. 1454.
3. Migne, l. c., col. 1495-1496. — Archiv. de la Côte-d'Or, E, 304, Titres de la seigneurie de Fontaines, 2ᵉ fascicule.

*ment dicte la Tour Monsieur saint Bernard et du cellier ou chambre de la mesme tour dans laquelle fut né mondit sieur saint Bernard* (1).

En 1410, à la requête des membres de la confrérie de Saint-Bernard, Jean-sans-Peur, duc de Bourgogne, amortit 50 livres de rente, montant de la fondation de deux messes. On lit dans la charte d'amortissement : « Jehan duc de Bourgoingne... comme donques nos amez les confrères de la confrarie instituée au lieu de *Fontaines les nostre bonne ville de Dijon*, en lonneur de Dieu, de sa benoite mère et du glorieux confesseur *Monseigneur saint Bernard* espécial chappellain d'icelle... nous aient tres humblement suplié que ladite rente nous pleust admortir... nous, eue consideracion a ce que dit est a lonneur et révérence de Dieu, de sa dicte benoite mère et dudit glorieux confesseur *qui fut nez en notre dit païs de Bourgoingne ou chastel dudit Fontaines et des seigneurs dicelui*... inclinans au bon proupos et entencion desdis confrères et à leur suplicacion... moyennant la somme de deux cens livres tournois... octroions par ces présentes quilz puissent acquérir icelle rente de cinquante livres tournois... et par la teneur de ces présentes... pour nous, nos hoirs et successeurs admortissons a tousiours... la devant dicte rente... Donné a Paris ou mois daoust, lan de grace mil quatre cens et dix (2) ».

La paroisse de Fontaines conserve encore deux registres intitulés : « Comptes de Jehan Pignaullet de Fontenes, procureur et receveur des confrares et conseurs de la confrarie Saint Bernardt Abbé et Docteur, laquelle confrarie sollempneement est faicte chascung an audit Fontenes les dimoinches apres la feste dicellui glorieux saint (3) ». Ces comptes sont pour les années

---

1. Migne, l. c., col. 1495.
2. Archiv. de la Côte-d'Or, Confréries, E, 6, carton 6, n° 52.
3. Archiv. de la paroisse de Fontaines. Comptes de la conf. de S. Bernard, 1ᵉʳ regist., fol. 1.

1426 et 1427. On y peut lire les noms d'environ 1200 membres, en tête desquels « Tres hault et exellant prince Messire le duc de Bourgoigne » (Philippe le Bon). Les associés appartenaient à près de 100 localités. Ils s'assemblaient en grand nombre le jour de leur fête, assistaient aux offices, entendaient un sermon, recevaient à dîner dans la « maison de la confrérie », le tout à frais communs. Le second registre mentionne qu'en 1427 les noms des membres dernièrement trépassés furent portés à Cîteaux « pour obtenir absolution et suffrages au grand chapitre (1) ». On voit par ces détails jusqu'à quel point le culte de saint Bernard rayonnait de Fontaines comme d'un centre, et la raison de ce culte populaire est donnée par les attestations si formelles des chartes.

XIV<sup>e</sup> SIÈCLE. — Un marché conclu le 17 décembre 1383 avec un verrier de Dijon, fournit un nouvel anneau dans la chaîne des témoignages explicites. En voici la teneur : « Deceb IIII<sup>xx</sup>III (Décembre 1383, car le registre où est contenu cet acte, va de 1382 à 1384). Jehan le Bourcez, verrey, demorant à Dijon, doit faire en l'église de Fontaines la grant fenestre dairrière le grant autel, de verre dotté bon et fin, ymaiges des ymaiges de Notre Dame tenant son enfant ou mylieu, a la destre saint Ambroisyan ; a la senestre *saint Bernard ney de Fontaines*, et dessus leurs testes bons tabernacles... le XVII de décembre qui fut le jeudi apres la Sainte Lucie (2) ».

XIII<sup>e</sup> SIÈCLE. — Etienne de Bourbon, dominicain né à Belleville-sur-Saône (dép. du Rhône) à la fin du XII<sup>e</sup> siècle, prêcha en Bourgogne vers 1240, et s'arrêta un peu après à Dijon. Il se rendit à Fontaines, où lui fut racontée la légende de la conversion de Tescelin

---

1. Archiv. de la paroisse de Fontaines, Comptes de la conf. de S. Bernard, 2<sup>e</sup> regist., fol. 40, v<sup>o</sup>.
2. Archiv. de la Côte-d'Or, B, 11292, fol. 64, r<sup>o</sup>. Registre d'Aubertin-Jehan de Sauxurettes, de 1382 à 1384.

après une prédication de son fils, l'abbé de Clairvaux. En rapportant ce trait bien connu, il termine par ces mots : « *Hæc audivi in loco ipso, ubi prædicatio facta est, a D. Calone, domino de Fontanis, pronepote B. Bernardi, in loco nativitatis suæ, Fontanis dicto* (1) ».

Ainsi se relie presque au temps de saint Bernard la tradition qui voit à Fontaines son berceau, et dans les seigneurs du lieu les arrière-petits-fils de Tescelin. Elle apparaît bien manifeste du commencement du xviie siècle jusqu'au milieu du xiiie. A elle seule elle fournit, dans la question ici examinée, un argument d'un poids considérable, on peut même dire un argument décisif, car rien de sérieux n'est opposé de nulle part.

En effet, d'où pourraient venir des témoignages contradictoires capables de discréditer ceux que nous venons de produire? De Châtillon principalement. Or les auteurs châtillonnais qui ont fait l'histoire ou décrit les monuments de leur ville natale, comme le P. Legrand, au xviie siècle (2), M. Gustave Lapérouse et l'abbé Tridon, à notre époque (3), n'ont point revendiqué pour elle un honneur reconnu à Fontaines. Tandis qu'ici le touriste et le pèlerin saluent ou vénèrent la « Chambre natale » de l'abbé de Clairvaux, là on ne leur montre que la « maison où cy-devant a fait sa demeure monsieur sainct Bernard », et la « cellule où il priait dans son en-

---

1. Migne, l. c., col. 678 et 967-968. — *Anecdotes historiques, légendes et apologues tirés du recueil inédit d'Etienne de Bourbon*, par A. Lecoy de la Marche, Paris, 1877, p. viii et 29. — Calon ici mentionné n'est pas le fils de Barthélemy de Sombernon, comme le dit par erreur Lecoy de la Marche, mais Calon fils de Guillaume de Saulx et de Belot de Fontaines. Le premier mourut vers 1180 (Archiv. de la Côte-d'Or, H, 70, abbaye de St-Bénigne, Mémont). Le second fut seigneur de Fontaines à partir d'environ 1240 jusqu'à 1270 (Migne, l. c., col. 1425, 1430 et 1431. — *Mém. de la Com. des Antiq. de la Côte-d'Or*, 1864, p. lxxxvi. — Archiv. de la Côte-d'Or, estampage des tombes de Bonvaux.)

2. *L'hist. saincte de la ville de Châtillon-s-Seine*, par le P. Legrand, 1651, 2e partie, p. 105.

3. *Hist. de Châtillon*, par Gustave Lapérouse, 1837, p. 162. — *Notice archéol. et pittoresque sur Châtillon-sur-Seine*, p. l'abbé Tridon, 1847, p. 72 et 133.

fance (1) » Lorsque les Feuillants s'établirent à Châtillon, deux certificats, résumant les croyances populaires, leur furent délivrés, l'un par le bailly, l'autre par le maire et les échevins. Ces documents, datés du 17 et du 18 décembre 1620, attestent seulement que la maison donnée aux religieux et vulgairement appelée la Maison de saint Bernard, « est réputée de tout temps pour celle où auroit iceluy glorieux saint fait sa demeure par plus de treize à quatorze ans » (2). Au XVIe siècle, il est vrai, deux illustres châtillonnais, Guillaume Philandrier et le président Jean Bégat, se disaient compatriotes de saint Bernard (3). Mais ce sont des témoignages isolés, sans précédent ni conséquent. On ne peut en induire rigoureusement « qu'une tradition accréditée dans le pays à cette époque supposait le saint abbé né à Châtillon, dans la maison de son père » (4). Le langage tenu par Philandrier et Bégat est-il, en effet, autre chose qu'un dernier retentissement de l'erreur de Guillaume de Saint-Thierri, qui devait sourire à leur patriotisme local, ou bien une conjecture caressée par le même sentiment? Encore que plusieurs de leurs concitoyens eussent partagé leur opinion, on ne saurait y voir l'expression des vraies traditions châtillonnaises, puisque celles-ci s'affirmaient tout autres, peu de temps après, dans les déclarations authentiques obtenues des magistrats de la ville par les Feuillants. — Quant à Fontaines-en-Duesmois, s'il n'est pas puéril d'y revenir, notons, en finissant, qu'on n'y rencontre à aucune époque, ni monument, ni culte particulier,

---

1. *Hist. de Châtillon*, p. G. Lapérouse, p. 174 et 176. — *Note sur la Maison de Saint-Bernard à Châtillon-s-Seine*, p. l'abbé Jobin, publiée dans le *Bulletin d'hist. et d'archéol. relig. du dioc. de Dijon*, novembre-décembre 1889, p. 235-238. — L'église Saint-Vorles de Châtillon renferme une chapelle dite de Saint-Bernard, qui est de très ancienne date ; mais les souvenirs qu'elle consacre impliquent seulement le séjour et non la naissance du saint dans la ville.
2. *Hist. de Châtillon*, p. G. Lapérouse, p. 177-178. — *Note sur la Maison de Saint-Bernard, à Châtillon*, par l'abbé Jobin, l. c.
3. *Hist. de Châtillon*, p. G. Lapérouse, p. 162 et 469-470.
4. *Hist. de Châtillon*, p. G. Lapérouse, p. 469-470.

ni tradition quelconque en faveur des prétentions écloses de nos jours.

A Fontaines-lès-Dijon appartient donc la gloire d'être le pays natal de saint Bernard : la tradition locale et les biographes du saint l'attestent d'une façon irrécusable. On conçoit dès lors tout l'intérêt qu'inspirent les débris de l'antique castel, échappés au vandalisme révolutionnaire. On applaudit de grand cœur aux généreuses initiatives qui les ont sauvés d'une ruine totale, et qui réparent avec munificence les outrages d'une époque néfaste. Enfin, on ne s'étonne pas que les pèlerins du XIXe siècle, comme le cistercien de Mar-Stern, qui visita Fontaines en 1667, aiment à venir en ce village, *invisuri castrum e quo splendidissimus ille ordinis (cisterciensis), imo orbis universi sol Bernardus prodivit* (1); et qu'ensuite ils se félicitent des émotions réconfortantes de leur pieuse excursion : *Paternas Bernardi ædes circumducti, gratulabamur bonæ fortunæ, quod a nobis virtutum celeberrimarum hic hortus inambularetur, ex quo tot præstantissima sanctimoniæ germina pullularere* (2). Telles sont encore actuellement, en effet, les impressions de ceux qui se rendent sur la colline de Fontaines, attirés « par le berceau d'un saint et d'un homme de génie » (3).

---

1. Migne, l. c., col. 1588.
2. Migne, l. c., col. 1589.
3. *Le Berceau de saint Bernard, notes et impressions*, p. A.-J. Rance, professeur à la Faculté de Théol. d'Aix; Aix, Achille Makaire, 1884.

# NOTE

## SUR L'ÉGLISE DE FONTAINES-LÈS-DIJON

### ET SUR SON ANCIEN TITULAIRE

L'église actuelle de Fontaines est l'ancienne église ou chapelle de Saint-Ambrosinien, qui existait déjà vers l'an 1100, mais fut rebâtie sur la fin du XIVe siècle (1). On en attribue généralement la fondation aux parents de saint Bernard. Il ne semble pas, du moins, qu'elle ait été construite bien avant leur époque. Ce fut, à l'origine, une annexe de l'église paroissiale Saint-Martin-des-Champs, située à une demi-lieue de là sur les bords du Suzon, et chef-lieu spirituel de trois villages : Saint-Martin, Povilly et Fontaines. Comme l'église mère, elle dépendait de l'abbaye de Saint-Etienne. Plusieurs chapelains la desservaient concurremment avec le curé de Saint-Martin. On vit même, à la fin du XIVe siècle et pendant la première moitié du XVe, le curé de Saint-Jean de Dijon y exercer aussi les fonctions curiales, parce qu'une partie du bourg de Fontaines se trouvait comprise alors dans la circonscription de son église (2). Enfin, vers le milieu du XVe siècle, Fontaines fut érigé en cure, et la chapelle de Saint-Ambrosinien reçut le titre paroissial.

Cette église conserva son vocable jusque vers 1760, époque où elle le perdit, en fait, par la suppression bien anormale de la fête de saint Ambrosisien. C'était sous l'administration

---

1. *Voies rom. du dép. de la Côte-d'Or et Répertoire archéol. des arr. de Dijon et de Beaune*, 1872, p. 63.

2. Archiv. de la Côte-d'Or, G, Liasse 80, Débats de l'abbaye de Saint-Etienne avec l'église paroissiale de Saint-Jean.

de Claude-René Merceret, curé de Fontaines de 1751 jusqu'à
la Révolution, lequel fut élu député du clergé aux Etats généraux
et devint membre de l'Assemblée constituante. La personne
et le culte de saint Ambrosinien avaient été discutés.
Ses Actes avaient d'abord été déclarés suspects par Chifflet (1),
et, ensuite, fabuleux par les Bollandistes (2). Fontaines était
le seul pays du monde où l'on célébrât la fête de ce saint,
à la fois titulaire de l'église et patron du lieu. Les prédicateurs
se refusaient même à prononcer son panégyrique,
comme l'attestaient encore vers 1850 de très anciens habitants
du village. En pareille circonstance, le curé Merceret,
esprit distingué mais imbu des idées rationalistes, dut se
prêter aisément à l'abolition de la fête de saint Ambrosinien.
Le patron substitué fut naturellement saint Martin, titulaire
de la primitive église paroissiale (3). Cet état de choses s'est
modifié dans le commencement de notre siècle, mais sans
qu'on ait fait revivre le moindre souvenir du saint si légèrement
délaissé. Saint Bernard devint alors le patron principal
de Fontaines, et saint Martin, le patron secondaire.
M. l'abbé Merle avait rédigé un Mémoire qu'il se proposait
d'envoyer à Rome pour solliciter le rétablissement du culte
de saint Ambrosinien. La mort l'empêcha de donner suite à
son projet.

Plusieurs ont eu le tort de confondre l'ancien patron de
Fontaines, dont la fête se célébrait le 1ᵉʳ septembre, avec saint
Ambroise de Milan, honoré le 7 décembre et le 4 avril. C'est,
d'ailleurs, sous le titre d'*évêque et martyr* qu'était vénéré
saint Ambrosinien, et l'on place son siège épiscopal en Arménie.
Chifflet nous a conservé ses Actes (4). Ils sont distribués
en neuf leçons, et ont été extraits du bréviaire particulier de
l'église de Fontaines (5). D'après la teneur du récit, les parents
du saint, chrétiens tous deux, habitaient Sarmatica, en
Ibérie. Contraints d'émigrer pendant une persécution, ils vinrent
se fixer dans la ville arménienne d'Artemita. C'est là

1. Migne, l. c., col. 1394.
2. *Acta SS. T. I septemb.*
3. *Inventaire des Archives du monastère royal de St-Bernard*, ms. de
la Maison de St-Bernard, à Fontaines-lès-Dijon, p. 117.
4. Migne, l. c. col. 1414-1417.
5. Malaoaila, *Vita del divoto et mellifluo dottore S. Bernardo*, edit.
Nap. 1634, p. 15.

que, déjà vieux, ils eurent leur fils Ambrosinien. Celui-ci, soigneusement instruit dans la religion et dans les lettres, quitta de bonne heure ses parents pour se consacrer à Dieu. Il se rendit dans la ville de Sarlat (*aliàs* Salart), où il fut favorablement accueilli par l'évêque Nicéphore, qui plus tard lui conféra les Ordres, et le choisit pour successeur. Ambrosinien succéda effectivement à Nicéphore, mais il n'acheva point ses jours dans sa ville épiscopale. Ayant su que sa famille sortait d'Ibérie, il alla prêcher la foi en ce pays, et souffrit le martyre à Sarmatica. Comme les Actes de saint Ambrosinien sont sans autorité, et qu'on ne possède aucun autre document sur cet évêque martyr, toute son histoire flotte dans le vague et l'incertain. Cette raison néanmoins ne saurait justifier l'abolition de son culte. Vénéré avec solennité dès 1100 environ, rien n'insinue qu'il n'eût pas dès lors dans la liturgie le titre d'*évêque et martyr*, et tout porte à croire qu'on avait quelque connaissance de sa vie. D'ailleurs, une tradition recueillie à Fontaines par le P. Giry (1), et auparavant par Malabaila (2), concorde avec un point fondamental des Actes, à savoir, l'origine asiatique de saint Ambrosinien. Suivant cette tradition, en effet, on aurait, vers la fin du XI° siècle, rapporté d'Orient des reliques de ce saint, et, à cette occasion, bâti la chapelle érigée sous son vocable. Le silence qui règne dans tout l'Orient sur saint Ambrosinien ne peut fournir un argument contre la réalité de son existence, puisqu'il y a tant de lacunes dans les souvenirs chrétiens des premiers siècles. Les difficultés géographiques ne sont pas davantage un motif sérieux de crier à l'imposture. Qui espérerait trouver toujours l'exactitude des noms de lieux dans une pièce apocryphe où l'histoire se confond avec la légende? En résumé, un évêque, nommé Ambrosios ou Ambrosianos, a pu occuper en Arménie un siège dont le nom a été plus ou moins défiguré par les traductions latines de *Sarlatum* ou *Salartum* ; cet évêque aura subi le martyre ; une partie de ses reliques aura été rapportée en Bourgogne et spécialement à Fontaines par quelque pèlerin de Terre sainte. Tout cela est fort possible, et c'en est assez pour qu'on doive blâmer ceux qui ont supprimé la fête de saint Ambrosinien.

1. P. Giry, édit. 1683, *Vie de la V. Aleth*, 4 avril.
2. Malabaila, l. c.

En 1866, M. E. Boré, lazariste, consulté par M. l'abbé Merle sur la ville dont le patron de Fontaines pourrait avoir été évêque, désignait « Sérit ou Sert, archevêché actuel de l'Arménie méridionale, à une vingtaine de lieues de Diarbékir », ou mieux « sur le versant oriental du Caucase, à quelques lieues du village actuel de Gardjivan, l'ancien archevêché de Saghian ou Sarian qui a été transféré à Chamakhi. Les restes du palais épiscopal subsistent, ainsi qu'un monastère attenant. » Avant d'envoyer cette réponse au curé de Fontaines, M. Boré avait consulté lui-même « M. Tchamourdjian Déroiants, le plus érudit de sa nation. »

PL. 2

VUE DE FONTAINES-LES-DIJON EN 1891.

## II.

### LA CHAMBRE NATALE DE SAINT BERNARD

Le grand attrait du château de Fontaines-lès-Dijon, c'est la « Chambre natale » de saint Bernard. Nul étranger ne vient visiter le berceau de l'illustre abbé, sans demander qu'on lui montre cette chambre, signalée dans les dictionnaires géographiques et les relations des voyageurs. Les pèlerins la cherchent avec une ardente dévotion, et ne veulent point descendre la colline de Fontaines sans s'être agenouillés en cet endroit vénéré.

Il est à peine utile de le dire, ce serait une illusion de s'attendre à trouver intacte, après huit siècles écoulés, la salle du château de Fontaines qui fut témoin de la naissance de saint Bernard. Sous le nom de Chambre natale, on entend une chapelle ou oratoire dédié au saint docteur et depuis longtemps érigé dans les bâtiments du castel. Cet oratoire est ainsi appelé parce qu'il a consisté d'abord simplement dans la petite salle basse, conservée telle quelle, où l'on croit que le saint a reçu le jour. Mais, plus tard, d'importants travaux d'embellissement, puis de restauration, en ont modifié l'état primitif. Malgré cela, le vulgaire lui garde son ancien nom.

Dans cette étude sur la chapelle dite Chambre natale de saint Bernard, nous nous proposons d'abord d'en faire sommairement l'histoire, depuis son érection jusqu'en 1793. Ensuite nous résoudrons plusieurs questions que posent à son sujet la critique et l'archéologie, celle surtout de son emplacement. Enfin, nous en donnerons la description technique, et nous achèverons de relever les inscriptions qui s'y rapportent, car plusieurs de ces inscriptions auront déjà figuré dans la dissertation relative à son emplacement. Ce sera l'objet de trois paragraphes.

La logique demanderait, semble-t-il, que l'aperçu historique vint plutôt en second lieu, après la solution des difficultés. — Le lecteur reconnaîtra les avantages de l'interversion que l'on a faite : elle initie d'avance aux questions qui forment le principal objet de cette étude ; elle donne plus de lucidité aux développements ; elle prépare mieux les conclusions. Mais pourquoi terminer en 1793 l'histoire de la Chambre natale ? — Ce n'est ici qu'une partie d'un travail plus complet. On y mentionne d'ailleurs les faits saillants accomplis depuis la Révolution.

§ 1$^{er}$. — *Histoire sommaire de la chapelle dite Chambre natale de saint Bernard, depuis son érection jusqu'en 1793*

Le xv$^e$ siècle allait finir que cette chapelle n'était point encore érigée. Saint Bernard n'avait eu jusqu'alors, sur la colline de Fontaines, aucun édifice spécialement affecté à son culte. Les solennités religieuses instituées en son honneur, avaient pour centre l'église du village, bâtie à quelques pas en avant du château, hors de l'enceinte, et placée sous le vocable de Saint-Ambrosinien. C'est là qu'on avait représenté son image et qu'on venait l'invoquer. Toutefois le château lui-même était l'objet d'une pieuse attention. La grosse tour s'appelait « la tour Monsieur Saint Bernard »; on y montrait le « cellier ou chambre » dans laquelle le saint était venu au monde (1), et l'on s'apprêtait enfin à transformer en chapelle ce lieu vénérable.

A quelle date eut lieu cette transformation? Il est impossible de le dire d'une façon précise. En 1463, par suite du testament de Bernard de Marey, les moines de Cîteaux furent mis en possession d'un quart du château de Fontaines, à la charge d'y construire une chapelle en l'honneur de Dieu et de saint Bernard (2). Comme le duc de Bourgogne refusa les Lettres d'amortissement, ces religieux ne purent conserver le précieux héritage, et durent s'en défaire bientôt par une vente (3). Au témoignage de Louis Gellain, dit Frère Louis des Anges, feuillant du prieuré de Fontaines, qui dressa, en 1770, l'inventaire des archives de son monastère, l'abbaye de Cîteaux aurait converti le cellier natal en oratoire, pendant le court espace de temps qu'elle jouit du legs de Bernard de Marey (4). Ainsi la fondation de la chapelle Saint-Bernard remonterait environ à 1463. Mais Louis Gellain ne fournit aucune preuve, et son assertion soulève des difficultés. En effet, dans la part du castel donnée à Cîteaux n'était pas comprise la « grosse tour » avec le cellier natal (5) ; et pourtant la chapelle fut bien établie dans ce cellier, nous le montrerons au cours de cette dissertation. De plus, une charte de 1490 nomme parmi les bâtiments du château « la grosse tour où fut né Monsieur saint Bernard », mais sans faire allusion à l'existence d'une chapelle. On est donc en droit de se demander si Louis Gellain parle d'après des documents,

---

1. Migne, P. L. T. CLXXXV, col. 1495.
2. Migne, l. c., col. 1454.
3. Ibid. col. 1455.
4. *Inventaire des Archives du mon. royal de Saint-Bernard*, ms de la Maison de Saint-Bernard à Fontaines-lès-Dijon, p. 15. — L'auteur de l'*Inventaire* a gardé l'anonyme, mais l'étude des Titres du prieuré des Feuillants conservés aux Archives de la Côte-d'Or nous a révélé son nom.
5. La grosse tour, échue à Perrenote de Marey, sœur de Bernard, avait été vendue par elle, en 1435, à l'évêque de Châlon, Jean Rolin. Arch. de la Côte-d'Or, E, 304. Titres de la seigneurie de Fontaines, 2ᵉ fascicule.

ou s'il ne fait pas une simple conjecture. — Un peu plus tard, en 1542, 1544, le petit oratoire existait certainement. Alors, en effet, Guillaume Paradin appelle le château de Fontaines *Christo ædes sacra* (1) ; et un prêtre du lieu, Pierre Chauchier, mentionne les processions qu'on avait coutume de faire à « la chapelle Monsieur saint Bernard (2) ». On n'a pas d'autres données sur l'époque de la transformation du cellier natal en chapelle.

Le nouveau sanctuaire fut desservi par le clergé paroissial. Le soin de son entretien échut aux « procureurs de l'église et fabrique de Monsieur saint Ambrosinien », qui ajoutèrent à ce premier titre celui de « conducteurs de la chapelle Monsieur saint Bernard (3) ». Dans les processions de la paroisse, dans les processions générales de la ville de Dijon, cette chapelle devint bientôt la station préférée. Saint François de Sales la visita en pèlerin, l'année 1604. Prêchant alors le Carême à Dijon, « il allait souvent, dit son neveu, célébrer à la chapelle Saint-Bernard de Fontaines (4) ». Sainte Jeanne de Chantal y vint prier la même année, avant d'entreprendre son voyage de Saint-Claude. « Comme c'était la veille de son départ, écrit la Mère de Chaugy, elle alla à Saint-Bernard, auquel elle avait une dévotion singulière, pour lui recommander le succès de son voyage. Quand elle fut dans cette église, sa vision de la porte de Saint-Claude lui revint en l'esprit avec une certaine clarté et consolation fort particulière et extraordinaire,

---

1. *De antiquo statu Burgundiæ*, p. 140 (Bibl. de Dijon). — Migne, l. c., col. 644.

2. Arch. de la Côte-d'Or, G, 603, Cures du département, Fontaines-lès-Dijon, layette A, fondations, n° 6 et 6 bis.

3. Arch. de la Côte-d'Or, Comptes de la Fabrique de Fontaines, G, fond 40, Cures et Fabriques, Fontaines-lès-Dijon.

4. *Hist. de la vie et des faits du B. François de Sales*, par Charles-Auguste de Sales, livre VI, p. 313. — Ce fut dans la même occasion que le saint évêque de Genève prononça, à Fontaines, un panégyrique de saint Bernard, dont il rappelle la division dans sa lettre à André Frémyot. Migne, *Œuvres de saint François de Sales, de la Prédication*, T. VI, p. 683.

et elle partit avec une grande allégresse intérieure (1) ».
En 1610, durant les quelques jours qu'elle passa à Dijon
pour faire ses adieux, la sainte fondatrice, dit Henry de
Maupas, « visita toutes les églises proches de la ville,
offrit des vœux à Saint Bernard et à Notre Dame de
l'Etang, qui étaient les lieux où elle avait accoutumé de
faire ses plus plus ardentes dévotions (2) ». C'est ainsi
que la petite chapelle du château était devenue, pour
Fontaines et les environs, le foyer de la dévotion envers
saint Bernard. Ce foyer allait rayonner plus loin, grâce
à l'établissement des Feuillants.

Constitués propriétaires du château de Fontaines par
contrat (3) du 24 septembre 1613, les Feuillants sollici-

1. *Sainte Chantal, sa vie et ses œuvres.* Paris, Plon, 1874, T. I. *Mémoires sur la vie et les vertus de sainte Chantal par la Mère de Chaugy*, ch. XV, p. 61. — La Mère de Chaugy parle de l'église Saint-Bernard de Fontaines. Il s'agit évidemment de l'oratoire du château, et non de l'église paroissiale dédiée à saint Ambrosinien. C'est en 1642 que la Mère de Chaugy commença à rédiger ses Mémoires (Ibid. préf. p. XX). Alors existait le monastère des Feuillants. Ces religieux avaient renfermé l'oratoire primitif dans un édifice un peu plus spacieux, qu'on appelait ordinairement leur église ; ils construisaient même, en outre, une basilique. On conçoit dès lors l'emploi du nom d'église au lieu de celui de chapelle.

2. Migne, *Sainte Chantal*, T. 1. *La vie de la V. Mère J.-F. Frémyot*, etc. par Henry de Maupas, évêque du Puy, p. 101.

3. Voici la copie abrégée du contrat d'acquisition du château de Fontaines-lès-Dijon, par les Feuillants, relevée sur l'original conservé aux Archives de la Côte-d'Or, parmi les Titres du prieuré de Fontaines, H, Liasse 995, layette F, n° 2. — Voir, pour les indications topographiques, notre *Planche* 9.

« Au nom de Dieu, de la Vierge Marye et de Monsieur sainct Bernard, comme .. les R. P. et religieux de la Congrégation de N. D. des Feuillants, ordre de Sainct Bernard, ayant dès longtemps désiré d'édifier une église et monastère au lieu de Fontaines-lès-Dijon, qui est le lieu de la naissance dudict sainct Bernard, ont supplié et faict supplier Messire Joachim Damas, chevalier, seigneur du Rousset... et dudict Fontaines, les vouloir acommoder de ladicte terre et seigneurie, ou du moins de la place, chastel et pourpris avec les dépendances dudict pourpris où est *la très sainte et très recommandable chapelle en laquelle est né sainct Bernard*..., ledict sieur Joachim Damas en sa personne acquiesçant à la bonne intention desdicts pères et religieux... par ces présentes vend, cède et transporte perpétuellement auxdicts religieux Feuillants aux personnes de R. P. Dom Jean Jacques de Sainte Scolastique, provincial de ladicte Congrégation en France, tant en vertu de sa dicte charge que de la procuration spéciale de T. R. P. Dom Martial de Sainct Bernard, supérieur général de

tèrent du roi, dont relevait alors ce fief, des Lettres Patentes d'amortissement. En attendant qu'il les eussent reçues, la Chambre des Comptes de Dijon leur permit d'entrer en jouissance de leur acquisition (1). L'arrêt de la Chambre fut rendu le 18 mars 1614, et la prise de possession s'effectua le jour même. Dom Jean de Saint-Séverin, premier prieur de la nouvelle fondation, se mit « en la réelle et actuelle possession et jouissance du château de Fontaines... par l'entrée audit château et chapelle d'icelui, ouvertures et fermetures des portes, aiant en outre fait allumer du feu, bû et mangé en présence de témoins et du notaire Gelyot », qui dressa l'acte de cette formalité (2). Le même jour aussi eut lieu la reprise de fief (3).

Les Lettres d'amortissement avaient été délivrées en

ladicte Congrégation, passé par devant Maragnier, notaire royal à Bourdeaux en Guienne, le 5 du mois d'août dernier — et de Dom Jean de Sainct Séverin, religieux de la même Congrégation aussy en vertu de la procuration dudict T. R. P. général, passée par devant ledict Maragnier... le 11 du présent mois de septembre ; stipulant et acceptant pour ladicte Congrégation des Feuillants à perpétuité... ; la maison et chastel dudict Fontaines-les-Dijon, selon qu'il s'étend et comporte tant au dedans de l'enclos des murailles que hors icelles de tous costés, y compris le jardin ou la place où l'on avait fait un jardin enfermé de murailles, jusqu'au lieu où soulait être le moulin à vent, du côté de bize, et, de soleil levant, au chemin ou pasquier qui est entre ledict jardin et les vignes du sieur Damas dépendantes de ladicte seigneurie, et généralement tout ce qui est du pourpris dudict chastel et maison en laquelle est *la chapelle de Sainct Bernard*, même le droit de justice qui peut appartenir audict sieur du Rousset audict chastel, pourpris, jardin et lieu dudict moulin... Lequel acte fait moyennant le prix de cinq mille quatre cents livres...; à la charge encore que lesdicts acquérants seront tenus de dire et célébrer à perpétuité à *l'austel dudict Saint Bernard* une messe chaque mois à l'intention dudict sieur du Rousset vendeur, dont leur consiance et de toute leur dicte Congrégation s'est dès maintenant chargée... Faict et passé au chasteaul du Rousset par devant moy Jacques Bonnard, notaire royal héréditaire au baillage d'Auxois, de la résidence d'Arnay-le-Duc... le 24 septembre 1613. »

Le château du Rousset est une dépendance de Clomot, village voisin d'Arnay-le-Duc.

1. *Inventaire des Archives du mon. royal de Saint-Bernard*, p. 13.
2. Ibid. p. 14.
3. Archives de la Côte-d'Or, B. 10713, cote 23.

février (1), mais, commes elles ne parvinrent à leurs destinataires qu'au mois de mai, ceux-ci essuyèrent quelques troubles au lendemain de leur installation. L'abbé de Cîteaux, Nicolas II Boucherat, le maire et les échevins de Dijon demandèrent leur éloignement. Un arrêt favorable du Parlement de Bourgogne et l'arrivée des Lettres royales assurèrent aux Feuillants la tranquille possession du berceau de saint Bernard (2).

Aussitôt, ces religieux s'empressèrent de se créer une église. A cette fin, ils relièrent l'oratoire primitif, d'un côté, avec une salle du château qui était attenante (3), de l'autre, avec des constructions nouvelles qu'ils élevèrent à l'intérieur des murs d'enceinte. La première pierre des bâtiments datant de cette époque a été trouvée, en 1882, dans les substructions de la partie détruite du monastère. Elle fut posée, comme le porte l'inscription qui la couvre, le 6 mai 1615, par Catherine Chabot. C'était la fille de Jacques Chabot-Mirebeau, lieutenant-général au gouvernement de Bourgogne, laquelle épousa, quelques mois après, le frère du duc de Bellegarde (4). L'église dut être achevée en 1618, car c'est alors que fut bâti le clocher (5) sur une des tours qui flanquaient la

---

1. Archives de la Côte-d'Or, Titres du prieuré des Feuillants de Fontaines, H, 996, layette B, n° 2,
2. *Inventaire des Archives du mon. royal de Saint-Bernard*, p. 14-21.
3. Ibid. p. 44 : Dans un exposé sommaire de l'état du château à l'arrivée des Feuillants, et des modifications ou agrandissements dus à ces religieux, Louis Gellain écrit : « La *chapelle de Saint-Bernard* existait avant notre établissement, il y avait à côté une salle à manger et des chambres : c'est ce qui forme actuellement notre église. » — Le Bureau diocésain de Dijon ayant demandé, en 1785, aux divers corps ecclésiastiques un état détaillé de leur établissement, les Feuillants de Fontaines envoyèrent leur déclaration, le 8 février de l'année suivante. Nous en extrayons cette note : « L'église a été formée dans le château d'une *chapelle de Saint-Bernard* existant longtemps avant nous, et des chambres et salles voisines. » Archives de la Côte-d'Or, G, Liasse 5, Bureau diocésain. — Afin d'éviter plus tard une confusion, il faut remarquer que ces textes ne sont pas assez explicites. Ils ne mentionnent pas qu'une partie de l'église fut entièrement construite par les religieux. Ils ne distinguent pas les époques successives auxquelles certaines pièces du château furent annexées à l'oratoire primitif.
4. Le 25 juillet 1615, Catherine Chabot épousa César-Auguste de Bellegarde, capitaine et gouverneur des ville et château de Dijon, frère du duc Roger. P. Anselme, IV, 307.
5. *Inventaire des Arch. du mon. royal de Saint-Bernard*, p. 44.

façade du castel. L'année précédente, Sébastien Zamet, évêque de Langres, avait approuvé l'établissement du prieuré (1).

La vénération des Feuillants pour le lieu de naissance de saint Bernard leur fit bientôt concevoir une plus haute ambition. L'église, étroite et nue, qu'ils s'étaient aménagée dans le château, ne répondait point à leurs vœux. Le prix même qu'elle avait pour eux, à cause des souvenirs qui s'y rattachaient, les pressait de l'orner du moins avec richesse. La place qui restait pour leur habitation, parut elle-même insuffisante. Ils résolurent donc de décorer somptueusement la petite église, et de construire en même temps, hors de l'enceinte des murailles, une vaste basilique, avec un bâtiment pour loger la communauté. C'était reprendre à nouveau la fondation de leur monastère. Ils intéressèrent à cette entreprise le roi Louis XIII, qui se déclara leur fondateur par Lettres Patentes (2) du mois de juillet 1618. Les fondements de la basilique furent jetés sur l'esplanade qui s'étend, à l'Est, devant la porte du castel (3), et le 6 janvier 1619, le gouverneur de Bourgogne, Roger de Saint-Lary, duc de Bellegarde, en posait solennellement la première pierre, au nom du roi (4). La même année, on commença, dans la petite église du château, la décoration de deux chapelles, dont l'une fut ornée du chiffre et des armes de Louis XIII ; l'autre, du chiffre et des armes d'Anne d'Autriche. Ce sont les deux coupoles encore existantes qui font l'admiration des connaisseurs (5). Quant au bâtiment destiné à

1. Migne, l. c. col. 1637.
2. Archiv. de la Côte-d'Or, Titres du prieuré des Feuillants de Fontaines, II, 995, layette B, n° 5. — Migne, l. c., col. 1643.
3. *Inventaire des Archiv. du mon. roy. de St-Bernard*, p. 12, 44.
4. Ibid. — *DEO OPT. MAX. et S. BERNARDO pro nova Basilicæ Fontanensis instauratione sacrum*, Divion. Claud. Guyot, 1620 (Bibl. de Troyes), et Parisiis, 1623, (Bibl. de Dijon).— Migne, l. c., col. 1647.
5. La date de 1619 est gravée, depuis l'époque de la construction des coupoles, à la clef de l'arcade qui est sous la tribune de la chapelle de Louis XIII ; et cette date est confirmée, pour l'une et l'autre chapelle, par des inscriptions que nous publions plus loin.

loger les religieux (1), on en creusa les fondations en 1620.

Le prieur du couvent était alors Dom Jean de Saint-Malachie (2). L'abbaye de Feuillant, chef-lieu de la réforme, l'avait eu pour premier abbé triennal (3), de 1611 à 1614. Préposé ensuite à la construction du monastère de Saint-Bernard, à Fontaines, il poursuivit sa tâche avec ardeur. On surpasserait difficilement le zèle qu'il déploya pour assurer à l'œuvre les ressources nécessaires, surtout après la nouvelle fondation qui faisait du prieuré un monastère royal. Quelques dons furent d'abord remis entre ses mains, et il eut des motifs d'en attendre d'autres. En effet, le roi, dans ses Lettres Patentes de 1618, avait reconnu le lieu de naissance de saint Bernard « pour un des plus vénérables du Royaume, autant digne d'estre illustré d'une église et maison religieuse, qu'il a apporté de bénédictions à tout l'Univers. » Il avait exhorté « toutes personnes d'appliquer leurs vœux et conférer leurs bienfaits. » Lui-même, il avait donné trois mille livres « pour la décoration proiettée de la chapelle Saint-Bernard. » L'abbé de Cîteaux, revenu de son opposition, publia une circulaire en date du 20 août 1624, par laquelle il invitait toutes les maisons de l'Ordre à fournir des subsides aux Feuillants pour leur établissement de Fontaines (4).

Malgré cela, le dessein formé ne put aboutir dans son ensemble. Comment, en effet, obtenir un concours efficace des abbayes cisterciennes où régnaient tant de préventions contre les disciples de Jean de la Barrière ?

1. *Inventaire des Archiv. du mon. roy. de St-Bernard*, p. 44.
2. Dom Jean de Saint-Malachie était déjà à Fontaines au mois d'août 1614, comme on le voit par une lettre de saint François de Sales à Mgr Camus (Migne, *Œuvres de saint François de Sales*, t. V, p. 925). Dans les Titres des Feuillants de Fontaines (Archiv. de la Côte-d'Or, H, 906), et dans l'opuscule déjà cité : *DEO OPT. MAX.* etc. dont ce religieux est l'auteur, il figure comme prieur en 1616, 1618, 1620 ; et il s'énonce nettement comme chargé de diriger la construction du monastère.
3. *Inventaire des Archiv. du mon. roy. de St-Bernard*, p. 3-4.
4. Ibid. p. 22.

D'autre part, quelles grandes largesses espérer des fortunes privées, préoccupées de se défendre contre la politique hostile de Richelieu et grevées par les frais de la guerre de Trente ans? Enfin, les Feuillants, en Bourgogne, menaient à la fois la double fondation de Fontaines et de Châtillon, ce qui nécessitait des ressources considérables. Les offrandes furent insuffisantes. L'année 1626, semble-t-il, vit s'achever la décoration des deux chapelles royales de la petite église (1). Mais les autres constructions s'élevaient lentement et avec peine. Dom Jean de Saint-Malachie, qui était l'âme de l'Œuvre, quitta Fontaines vers 1634, pour consacrer au monastère de Châtillon les derniers restes de son activité. Là, il mourut sans avoir vu le berceau de saint Bernard orné d'un monument digne de la vénération que ce lieu inspire (2). Après sa mort, le découragement fut maître des religieux de Fontaines, et gagna toute la Congrégation. Un chapitre général, tenu à Bordeaux, en 1654, arrêta les travaux de la basilique, et, bien que déjà l'ouvrage fut avancé, autorisation fut donnée de le détruire (3). On démolit les murs hors de terre, sans toucher pourtant aux fondations. La place fut nivelée, puis transformée en un pré, autour duquel on planta des tilleuls, dont quelques-uns subsistent encore (4). Le bâtiment de la communauté eut un sort meilleur,

1. Les bases des colonnes en marbre qui ornent ces deux chapelles, portent la date de 1626.
2. C'est par l'intermédiaire de D. Jean de Saint-Malachie, alors prieur de Fontaines, que la Congrégation des Feuillants acquit des héritiers Gaillard, le 1ᵉʳ mars 1620, les « maisons et places » où fut construit le couvent de Châtillon. (Archiv. de la Côte-d'Or, Titres des Feuillants de Châtillon, II, 994, layette Fondations). En attendant que ce monastère fût aménagé et habitable, la jouissance desdites maisons et places fut attribuée au prieuré de Fontaines (Ibid.) Les rapports de Jean de Saint-Malachie avec la maison de Châtillon datent donc de la fondation de celle-ci. Il en était prieur à la fin de l'année 1634, et on l'y trouve encore le 15 juillet 1651 (Ibid.) L'auteur des *Notes manuscrites* conservées à la Bibl. du Chapitre de l'église cathédrale Saint-Bénigne de Dijon, dit que D. Jean de Saint-Malachie mourut à Châtillon-sur-Seine en 1650, âgé de 84 ans. Cette date de 1650 ne doit pas s'écarter beaucoup de la vérité.
3. *Inv. des Archiv. du mon. roy. de saint Bernard*, p. 12.
4. Ibid. l. c.

on en poursuivit l'achèvement ; mais il ne fut habitable (1) qu'à partir de 1670.

C'est ainsi que les Feuillants furent réduits à n'avoir d'autre église que celle du château. Ils l'avaient ornée, mais lui avaient laissé ses petites dimensions. Elle se composait seulement de trois chapelles juxtaposées, parmi lesquelles la Chambre natale, et du chœur des religieux (2).

Vers le milieu du xviiie siècle, on voulut agrandir l'étroit édifice, et, dans ce but, on y ajouta une quatrième chapelle (3). A partir de cette époque il y eut plusieurs remaniements. La sacristie fut transférée dans un autre local. On érigea un nouveau maître-autel en face du chœur.

Survint bientôt la Révolution. Le prieuré avec ses dépendances fut vendu comme bien national ; on détruisit une grande partie des bâtiments ; les démolisseurs attaquèrent l'église elle-même : ils ne laissèrent debout que les deux coupoles avec une autre chapelle où le maître-autel était placé. — La Chambre natale avait-elle disparu dans la tempête ?

Vers 1820, lorsque l'attention des archéologues se porta sur les ruines du couvent des Feuillants, on crut que cette chapelle vénérable se trouvait dans la partie de l'église échappée au vandalisme révolutionnaire. On eut raison ; mais, quand on voulut en déterminer l'emplacement, on commit une erreur, que nous allons redresser.

Il était nécessaire de donner cet aperçu historique

---

1. Ibid. p. 45 — Archiv. de la Côte-d'Or, G, Liasse 5, Bureau diocésain, Déclaration des Feuillants de Fontaines-lès-Dijon.

2. Joseph Meglinger, qui visita Fontaines le 7 mai 1667, ne compte que trois chapelles dans l'église des Feuillants. Migne, l. c., col. 1589, n° 31.

3. La construction de cette quatrième chapelle est rappelée dans l'*État du temporel* du monastère, dressé en 1758 ; on lit, à l'article Dettes passives : « Le mémoire du couvreur de la *nouvelle chapelle* n'est pas encore arrêté, parce que l'ouvrage n'a pas été toisé, il montera au plus à 150 livres. » Archiv. de la Côte-d'Or, H, 996, layette États de situation du temporel : États de 1758, 1773, 1776.

sur les phases que traversa la Chambre natale, avant d'aborder les questions que posent à son sujet la critique ou l'archéologie. Nous arrivons maintenant à ces questions.

### § 2. — *Authenticité et emplacement de la Chambre natale de saint Bernard*

**Première question.** — Quelle est la valeur de la tradition qui marque l'endroit précis où naquit saint Bernard ?

Le plus ancien document (1) qui révèle l'existence de cette tradition, est daté de février 1429 (n. st. 1430). Saint Bernard étant né en 1091, on trouve donc un intervalle de trois siècles entre ce premier témoignage et le fait attesté. Une lacune aussi considérable suffit assurément pour mettre en défiance le prudent lecteur. Néanmoins, il y a quelque chose d'incontestable dans ce qu'affirme ici la croyance populaire. Pour le mettre bien en évidence, observons que l'objet de cette croyance comprend deux parties : 1° saint Bernard est né dans la grosse tour ; 2° il est né dans un cellier déterminé.

La première assertion nous paraît hors de conteste. Du moment que saint Bernard naquit au château de Fontaines, ce fut dans le logis quadrangulaire qui renfermait les chambres destinées à la famille seigneuriale, logis qu'on retrouve dans tous nos châteaux primitifs, sous des noms différents : le donjon, la tour, la grosse tour (2). Ce logis, séjour ordinaire des seigneurs aux XIe et XIIe siècles, est distinct du donjon servant de refuge qu'on rencontre plus tard, surtout dans les forteresses importantes. Or, au XVe siècle, il y avait parmi les divers bâtiments du château de Fontaines, un de ces

---

1. Migne, l. c., col. 1495.
2. *Diction. de l'Architecture française du* XIe *au* XVIe *siècle*, par Viollet-le-Duc, T. V, p. 30, 38, 48; IX, p. 125, 130.

antiques logis ou « grosses tours » en forme de parallélogramme, qui devait remonter au temps de saint Bernard, comme on en peut juger par certains documents: chartes, dessins (1), etc., et même par quelques vestiges visibles encore en 1881. On ne s'est donc point fourvoyé en plaçant dans ce lieu la naissance de saint Bernard, et la vénération qui s'attache, de nos jours, aux derniers débris de la grosse tour de Fontaines ou à son emplacement, est pleinement justifiable.

Mais la tradition va plus loin, elle précise davantage et désigne comme l'endroit natal un « cellier » ou salle basse (2) de la grosse tour. Ici, ne marche-t-on pas dans l'incertain?

Fortement encaissés par les terre-pleins des cours intérieures et parfois même tout à fait souterrains, les celliers n'étaient pas au nombre des chambres ordinairement habitées (3). On s'est demandé pourquoi la B. Aleth avait choisi pareil lieu pour mettre au monde un fils dont un songe miraculeux lui avait présagé la grandeur? Dans le *Sommaire de la vie de Saint Bernard* imprimé à Dijon,

---

1. La ]sse tour de Fontaines est mentionnée: 1° dans une charte du 12 janvier 1423 (n. st. 1424): Arch. de la Côte-d'Or, Actes de J. Mathelie, notaire, B, 11332 (n° 154) p. 91, et Peincedé, T. XXVII, p. 469-471. — 2° dans la charte de février 1429 (n. st. 1430) analysée par Chifflet: Migne, l. c., col. 1495, — 3° dans la charte attestant la prise de possession d'un quart du château et de la seigneurie de Fontaines au nom de l'évêque Jean Rolin, le 16 mars 1434 (n. st. 1435): Archiv. de la Côte-d'Or, E. 304. Titres de la seigneurie de Fontaines, 2° fascicule, — 4° dans la charte de 1490 : Archiv. de la Côte-d'Or, B, 10587, cote 38. La forme rectangulaire de cette tour est expressément indiquée dans la troisième charte. On peut d'ailleurs se faire une idée assez exacte de sa structure, grâce à un dessin d'Etienne Martellange que nous reproduisons plus loin (voir *Planche* 5), grâce encore aux caractères que l'on a observés dans les derniers restes de ce vieux logis et dont nous aurons à parler.

2. On sait que le terme de cellier désignait anciennement les salles basses des tours et des logis. *Dict. de l'Architecture*, par Viollet-le-Duc, T. III, p. 109, et passim. — Il ne faut donc pas confondre ces celliers avec la dépense ou les magasins qui avoisinaient la grand'salle des châteaux.

3. C'est dans un de ces celliers que fut détenu pendant quelque temps un frère de saint Bernard, Gérard, blessé et fait prisonnier au siège de Grancey. *Cum in* **cellario** *clausus custodiretur* (*Vita* 3ª *S*ᵗⁱ *Bern.*, MS de Paris, Bibl. nat. lat. N° 17639, fol. 3). *Accedens ad ostium* **subterraneæ** *domûs in qua vinctus et clausus erat* (*Vita* 1ª, Migne, l. c., col. 234).

chez Paillot, l'an 1653, on lit une explication peu admissible. Ayant rappelé le songe de la B. Aleth et l'interprétation qui calma les anxiétés de la pieuse mère en lui promettant pour fils un éloquent prédicateur de la parole sainte, l'auteur poursuit de la sorte : « Mais ne croyant pas mériter une si extraordinaire faveur du Ciel, dans la crainte de se voir plustost mère d'un monstre de nature, que d'un miracle de la grâce, elle choisit le celier de son chasteau pour faire ses couches (1). » Est-ce conjecture de l'auteur ? Est-ce réédition d'une ancienne légende ? On ne sait. Quoiqu'il en soit, ce récit s'harmonise mal avec celui des biographes de saint Bernard. D'après eux, en effet, Aleth, remplie de foi et de piété, reçut comme venant de Dieu même l'interprétation qui lui fut donnée ; dans le transport de sa joie, elle sentit pour ainsi dire son cœur se fondre d'amour et s'épancher tout entier sur l'enfant attendu ; dès ce moment, elle résolut de le faire instruire dans les Saintes Lettres pour le disposer à sa sublime vocation (2). Avec de tels sentiments et de telles résolutions, la B. Aleth pouvait-elle craindre d'enfanter un monstre ?.. Une autre explication a été essayée par M. l'abbé Renault, à l'initiative duquel on doit la réouverture, en 1841, du sanctuaire natal de saint Bernard. Cette seconde explication est absolument fantaisiste et encore moins acceptable que la précédente. On peut la lire dans la notice (3) que M. Renault a publiée en 1874.

1. *Sommaire de la vie de Saint Bernard*, p. 16.
2. Migne, l. c., col. 228 et 471. — Sartorius commente ainsi les premiers biographes, avec autant d'exactitude que de grâce : *Nativitatem ejus* (Bernardi) *visio præcessit divinitus ostensa matri prægnanti in somno : qua Bernardulus adhuc intra materna viscera clausus sub catelli... imagine matrem vehementer terruit ; sed didicit illa a viro religioso grande visionis mysterium, ingenti perfusa gaudio,* **non monstrum se parituram,** *verum optimi catuli sese futuram matrem.* » Texte du *Cistercium bis tertium*, Pragues, 1700, 2 vol. in-folio, cité par Théophile Heimb dans son édition de Gutolfe (1743), T. I, p. 23.
3. *Notice sur le Château paternel et la Chambre natale de saint Bernard*, par M. l'abbé Renault, ch. hon., ancien vic. gén. de Dijon, p. 16.
— M. l'abbé Renault était curé d'Arceau, lorsque, le 4 février 1836, Mᵍʳ Rey, évêque de Dijon, l'appela aux fonctions de vicaire général. Il

Il est inutile de s'arrêter plus longtemps à scruter ces menus détails, nécessairement couverts des ombres du passé. Bornons-nous aux remarques suivantes. La divulgation du songe de la B. Aleth aura dû faire observer les circonstances de lieu et autres qui entourèrent la naissance de l'enfant prédestiné. Dans un petit castel comme Fontaines, chez des seigneurs austères comme Tescelin et Aleth, à une époque telle que la leur, les celliers ou chambres du sous-sol qui appartenaient au donjon, devaient être habitées, au moins par occasion. C'étaient, dit Léon Gautier, des chambres réservées pour les hôtes, et qui, peu éclairées, convenaient aussi au traitement des malades (1). Il n'y a donc rien d'invraisemblable, loin de là, à ce que saint Bernard soit né dans un « cellier » de la grosse tour, et qu'on s'en soit souvenu à Fontaines. — Mais, à cause du défaut de documents, on ne saurait aller plus loin dans ses conclusions relativement à ce second point de la tradition locale. Aussi bien, là-dessus, laissons-nous chacun se prononcer à son gré. Seulement nous rappellerons que l'assertion première et plus générale, à savoir que saint Bernard est né dans le donjon de Fontaines, mérite d'être accueillie sans défiance. D'où il résulte qu'il faut, en toute hypothèse, approuver la vénération ancienne et persistante dont jouit parmi nous la chapelle de Saint-Bernard vulgairement dite sa chambre natale. Car cette chapelle est située — nous l'établirons sur bonnes preu-

exerça cette charge jusqu'au 18 octobre 1837, époque à laquelle il donna sa démission par suite des difficultés qui existaient entre l'évêque et son clergé, et qui se terminèrent par la retraite de Mgr Rey au Chapitre de Saint-Denis. Le 26 septembre 1840, M. l'abbé Renault achetait les restes de la maison natale de saint Bernard. Il alla s'y établir peu de temps après, et y demeura jusqu'à sa mort, arrivée en 1876. — Dans ses opuscules sur le château paternel de saint Bernard, M. Renault a réédité et commenté les documents déjà publiés à ce sujet; mais un grave défaut de critique et un zèle trop passionné l'ont très souvent induit en erreur. C'est donc avec une extrême défiance qu'il faut lire la notice ci-dessus mentionnée, ainsi qu'une autre petite brochure qui avait paru auparavant sous ce titre : *Les trois inscriptions de la Chambre natale de saint Bernard*. Ces inscriptions sont celles que M. Renault lui-même avait fait graver.

1. *La Chevalerie*, par Léon Gautier, 1884, p. 508.

ves — dans l'emplacement du donjon ou grosse tour ; et ainsi, malgré le doute qu'on pourrait avoir sur l'exactitude mathématique de sa dénomination traditionnelle, on doit reconnaître dans le pieux édicule un reste authentique du logis témoin de la naissance de saint Bernard.

**Deuxième question**. — Quel est l'emplacement de la Chambre natale de saint Bernard?

Pour résoudre cette question, il faut d'abord réunir tous les témoignages anciens que l'on a pu recueillir au sujet de la Chambre natale ou de l'oratoire primitif, et en dégager quelques données certaines, sur lesquelles on puisse baser une argumentation. Voici ces témoignages, suivant l'ordre chronologique :

Le testament déjà cité de Pierre Chauchier, en 1545, mentionne seulement l'existence de *la chapelle Monsieur saint Bernard* ou oratoire du château.

Dans le contrat d'acquisition dudit château par les Feuillants, en date du 24 septembre 1613, l'oratoire est d'abord appelé *la très sainte et très recommandable chapelle en laquelle est né sainct Bernard*, puis, ensuite, simplement *la chapelle de Saint Bernard, l'austel dudict Saint Bernard* (1).

Les Lettres Patentes de Louis XIII, délivrées en juillet 1618, attestent que *l'endroit où nasquit le même saint, a esté depuis dédié et appliqué à l'usage d'une chapelle* ; (on vient de voir qu'elle était sous le vocable de Saint-Bernard) ; et, plus loin, les mêmes Lettres déclarent que le roi donne trois mille livres *pour la décoration projettée de la chapelle Saint-Bernard* (2).

Jean de Saint-Malachie, dans l'opuscule qu'il publia le 11 mai 1620, à l'occasion de la seconde fondation du monastère de Fontaines, débute par ces paroles adres-

---

1. Arch. de la Côte-d'Or, H, Liasse 996, layette F, n° 2
2. Ibid. layette B, n° 5.

sées à saint Bernard : *En gloriose Parens... te cuncti colunt, et... velut denuo sæculo nascentem excipiunt...* CUM EA QUÆ TUI ORTUS GLORIAM TOTAM AB INTUS HABEBAT DOMUS, REGIS CHRISTIANISSIMI IMPRIMIS MUNIFICENTIA, REGNI ET PATRIÆ ET OMNIUM PIORUM OPE, DECOREM INDUIT ET EAM PULCHRITUDINEM QUA AB OLIM DIGNA EXTITERAT. Arrivé à l'épilogue, il montre Louis XIII et Anne d'Autriche *tam libenter... sortem hanc singularem tota aviditate arripere* QUA EJUSDEM SANCTI DOMUM PATERNAM ET NATALITIAM SACRIS ÆDIBUS ORNARE DONATUM EST. Enfin, il termine en invitant tout le monde à se réjouir de ce que le Roi très chrétien met tous ses soins *ut* QUÆ FUIT DOCTORI MELLIFLUO BERNARDO NATALITIA VEL PROPRIA DOMUS... *prout quo tulit fructu et vitæ spirat odore nitetque miraculis facta est patriæ salutaris, Galliæ amabilis, Ecclesiæ universæ veneranda et suspicienda, ita* DECORO OMNINO ET COMPETENTI VENUSTETUR ORNATU (1).

Par acte du 7 décembre 1624, reçu Blanche, notaire à Dijon, Mʳᵉ Nicolas de Cuigy, conseiller du roi, receveur général des provinces de Bourgogne et Bresse, et Anne Massol, sa femme, fondèrent une chapelle avec droit de sépulture, dans la grande église qui se bâtissait devant le château. La charge imposée aux Feuillants fut de célébrer chaque semaine, à perpétuité, deux messes basses : l'une, le samedi, en l'honneur de la Sainte Vierge ; et l'autre, *le mardi, en l'honneur de saint Bernard.* Le contrat porte que l'on dira ces messes dans la chapelle des donateurs, lorsqu'elle sera bâtie, et, en attendant, « aux authels qui sont de présent en la chapelle » ou église du prieuré. Mais voici la clause intéressante, où il est évidemment question du lieu vénérable de l'église du château : « Sauf que par chasque moys *ladicte messe de Nostre Dame sera dicte et célébrée la première semaine du moys en la chapelle dédiée à la Vierge, et celle de sainct*

---

1. *DEO OPT. MAX.* et *Sᵗᵒ BERNARDO pro nova Basilicæ Fontanensis intauratione sacrum*, Bibl. de Dijon.

*Bernard en la chapelle dédiée à saint Bernard la seconde semaine* (1). »

André Valladier, qui, après avoir passé vingt-trois ans chez les Jésuites, devint abbé de Saint-Arnoul de Metz, fit, en 1628, l'éloge funèbre de Dom Bernard de Montgaillard, décédé abbé d'Orval. Il parle ainsi de Fontaines-lès-Dijon : « *J'ay eu l'honneur d'y prescher et sacrifier plusieurs fois dans la mesme chambre où sainct Bernard naquist, laquelle ayant esté tousiours gardée très religieusement,* le sera encore plus à l'advenir par la dévotion des Pères Feuillans qui y bâtissent un beau monastère et une église magnifique, grandement fréquentée par l'insigne dévotion de toute cette belle ville de Dijon ; bénédiction de laquelle la naissance de sainct Bernard l'a laissée héritière, comme de ses douceurs, de ses dévotions et de ses zèles divins à l'amour de Dieu et à la perfection de la religion catholique (2). »

Le 31 mars 1631, M<sup>re</sup> Antoine Ruzé, marquis d'Effyat et de Lonjumeau, maréchal de France, etc., gouverneur pour Sa Majesté au pays d'Anjou, ville et château d'Angers, fonda une lampe dans la chapelle Saint-Bernard. On lit dans le Titre de cette fondation : « M<sup>re</sup> Antoine Ruzé... pour la dévotion qu'il a à la glorieuse Vierge Marie et à son favory Monseigneur sainct Bernard et particulièrement à la Maison natale dudict Sainct, qui est au lieu de Fontaines les Dijon, en laquelle se bastit le monastère des religieux de la congrégation N.-D. des Feuillants ordre de Cîteaux, s'y estant mondict seigneur transporté pour faire ses dévotions, a fait offre d'une *lampe d'argent pour estre mise devant l'hostel* (autel) *dudict Sainct,* et affin que ladicte lampe soit tousiours entretenue de lumières, mondit seigneur le maréchal a donné et délivré par forme de fondation audict monas-

1. Titres de propriété appartenant à M. Henri Gérard, à Fontaines-lès-Dijon.
2. Migne, l. c., col. 1642. — Bibl. de Dijon : *Les saintes Montagnes et Collines d'Orval et de Clairevaux,* par Messire F. André Valladier, Luxembourg, 1629, p. 19.

tère, à la personne de R. P. Dom Jean de Saint-Malachie sous prieur et intendant de la Fabrique de ladicte église et monastère Saint-Bernard présent stipulant et acceptant, la somme de cinq cents livres tournois pour estre le revenu d'icelle somme employé à *tenir ladite lampe ardente jour et nuict devant le sainct Sacrement et les ymages de Nostre-Dame et de sainct Bernard.* Ce que ledict R. P. a promis de faire entretenir et de faire ratiffier incessamment... (1). »

Malabaila, dans sa *Vita del divoto et mellifluo dottore santo Bernardo*, publiée à Naples en 1634, parle, en plusieurs endroits, de la chambre natale de saint Bernard, transformée en oratoire. LA CAMERA, dit-il, CHE CON LA NASCITA DI QUEL SACRO CAGNUOLINO FU NOBILITATA (*mostrandovisi con frequenti gratie presente la virtu divina*) FU MUTATA IN UN'ORATORIO. *Il quale con devotione cosi universale fu da tutti riverito, che li monaci della nobilissima Certosa di Diggione, con essempio del tutto inusitato tra di loro (per la stretta solitudine che professano) con una divotissima processione sono stati soliti di annualmente honorarlo.* Et ailleurs, rapportant les miracles accomplis par saint Bernard après sa mort, il rappelle les faveurs singulières par lesquelles *si rende di continuo piu illustre e venerabile* LA CAMERA OVE GIA NACQUE IN FONTANE, CONVERTITA IN UN'ORATORIO (2).

L'auteur du *Sommaire de la vie de Saint Bernard*, publié à Dijon en 1653, raconte, comme nous l'avons dit précédemment, que le saint vint au monde dans le cellier du château de Fontaines. Ensuite, il ajoute : *Ce celier est converty en une très dévote chapelle, bastie par la libéralité et magnificence de Louys XIII.* A la fin de cet opuscule sont données plusieurs pièces relatives à la Confrérie de Saint-Bernard érigée, cette même année 1653, dans l'église des Feuillants. On y trouve la note

---

1. Archiv. de la Côte-d'Or, H, 996, layette F, n° 8.
2. *Vita del divoto et mell. S. Bernardo*, Naples, 1634, p. 45 et 408.

suivante : « *L'autel de Saint Bernard est privilégié* les lundis de chaque semaine et tous les mercredis en faveur des Confrères (1) ».

Joseph Meglinger, sous-prieur de l'abbaye de Vettingen ou Mar-Stern (en Suisse, près de Zurich), fut délégué par son abbé pour assister au chapitre général de Cîteaux en 1667. A son retour, il écrivit la relation de son voyage. Il n'omit pas d'y raconter le pèlerinage qu'il avait fait à Fontaines, dans la matinée du 7 mai, en compagnie de deux autres religieux, parmi lesquels Dom Schnider, abbé de Saint-Urbain, et vicaire général de l'Ordre, pour la Suisse, l'Alsace et le Brisgau. *Huc igitur promoti*, dit-il, *R. R. Dominum abbatem de Campo Liliorum* (Lilienfeldt) *ex Austria offendimus, qui ante nos paulum curru advectus sacris operari cœperat, nobis intra templi januam pedem inferentibus*, IN ALTARI QUOD JAM EUM OCCUPAT LOCUM IN QUO DE PIÆ PARENTIS UTERO IN HANC MORTALITATIS LUCEM PROGRESSUS EST SANCTUS BERNARDUS. *Tam præclara altaris prærogativa ex religioso illius loci patre intellecta, morabar divina, dum dictus præsul sacri finem invenisset. Duæ interim aræ aliæ missas dicentibus R. R. vicario generali et socio serviebant. Nactus denique et meæ pietatis occasionem, in prædicto altari sacrificium incruentum obtuli honori sanctissimi Patris, ut cui ille pretium sua nativitate fecisset* (2).

Le publiciste français Jean Dumont, auteur des *Voyages en France, en Italie*, etc, consacre un mot à Fontaines dans une lettre datée de Dijon, octobre 1689. « D'un autre côté de la ville, écrit-il, sur une petite colline, il y a un couvent de moines Feuillants, qu'on dit être la Maison du père de saint Bernard, qui était le seigneur du

---

1. *Sommaire de la vie de Saint Bernard*, Dijon, Paillot, 1653, p. 17 et 237.
2. Migne, l. c, col. 1589, n° 31. — La relation de Joseph Meglinger a fourni le thème d'une publication fort intéressante : *Voyage d'un délégué suisse au Chapitre général de Cîteaux en 1667*, par H. Chabeuf, Dijon, Lamarche, 1885.

lieu, qu'on appelle encore aujourd'hui Bourg-Fontaines. On y montre *la Chambre dans laquelle il est né ; c'est une fort petite salle basse quarrée, et dont on a fait une chapelle*. On y voit écrit sur la porte : Venez, mes enfans, et je vous introduirai dans la Maison de mon Père et dans la Chambre où ma Mère m'a enfanté » (1).

Dom Philippe de Saint-Joseph, religieux bernardin, abbé du monastère de Saint-Jean-Baptiste de Firenzuola en Lombardie, a publié, en 1695, un Abrégé de la vie de saint Bernard. La Chambre natale y est mentionnée en ces termes : LA CAMERA IN CUI NACQUE IL NOSTRO BERNARDO : *operandovi dopo Iddio molte grazie*; FU CONVERTITA IN UN DIVOTO ORATORIO *solito frequentarsi universalmente da tutti* (2).

Les auteurs de dictionnaires géographiques et historiques, Corneille (1708), La Martinière (1726), Piganiol de la Force (1753), parlent également de « la Chambre où saint Bernard naquit, et dont on a fait une chapelle. » Mais ils ne font que répéter ce qu'avait dit Jean Dumont (3).

De Mangin, en son *Histoire ecclésiastique et civile du diocèse de Langres* (1765), signale, à Fontaines, le sanctuaire natal de saint Bernard, en copiant textuellement Piganiol de la Force (4).

Le feuillant Louis Gellain, dans l'*Inventaire des Archives du monastère royal de Saint-Bernard* (1770), parle en plusieurs endroits de la chapelle vénérable faisant partie de l'église de ce monastère. Ayant rappelé la prise de possession en 1614 du « château de Fontaines

---

1. *Voyages en France, en Italie, en Allemagne, à Malte et en Turquie.* La Haye, 1699, T. I. p. 76.
2. *Compendio della vita del melliftuo dottore santo Bernardo*, Plaisance, 1695, p. 20.
3. *Diction. universel géograph. et hist.* par Corneille, Paris, 1708, T. II. art. *Fontaines.* — *Le grand Diction. géograph. histor. et crit.* par La Martinière, La Haye, 1726, T. III art. *Fontaines.* — *Description hist. et géograph. de la France*, 1753, T. IV, p. 30.
4. *Histoire ecclésiastique et civile du diocèse de Langres*, par de Mangin, 1765, T. II, p. 118.

et chapelle d'icelui » par Dom Jean de Saint-Sévérin, il ajoute en note : « Il y a tout lieu de croire que *la chapelle actuelle de Saint-Bernard est la même que celle dont il est ici question*, et que *nous n'avons fait que l'orner après notre établissement sans la changer de place;* car vraisemblablement les religieux de Cîteaux l'avaient fait construire *au lieu même où selon la tradition saint Bernard était né, qui est aussi celui où elle est aujourd'hui* ». Nous avons dit plus haut qu'on ne peut attribuer avec certitude aux moines de Cîteaux l'érection de la chapelle, et nous n'invoquons ce témoignage que relativement à l'état de la Chambre natale, après que les Feuillants l'eurent renfermée dans leur église. Louis Gellain fait encore plusieurs remarques utiles à noter. La suivante a été déjà relevée : « *La chapelle de Saint-Bernard existait avant notre établissement*, il y avait à côté une salle à manger et des chambres. C'est ce qui forme actuellement notre église ». Au sujet des trois mille livres données par Louis XIII, Louis Gellain observe: « Ces trois mille livres, une fois payées *pour la décoration de la chapelle Saint-Bernard*, ont vraisemblablement été emploiiées à achepter *les colonnes de marbre qui soutiennent les deux coupoles de l'église.* » Enfin, ayant rappelé la fondation d'une messe mensuelle, par Joachim de Damas, il ajoute : « Je ne fais pas mention, quoique le titre le porte, que cette messe doit se dire *à la chapelle de Saint Bernard* ; elle était seule alors, et ainsi on a pu mettre cette clause pour qu'elle ne fut pas acquittée ailleurs ; mais actuellement qu'il y a plusieurs chapelles j'estime que l'intention du fondateur est remplie, en disant les messes dans notre église, n'importe à quel autel (1) ».

Courtépée, dans sa *Description du duché de Bourgogne* (1777), écrit au sujet de Fontaines-lès-Dijon (2):

---

1. *Inventaire des Archiv. du mon. roy. de St-Bernard*, p. 16, 44, 55, 305.

2. *Description du Duché de Bourgogne*, 1777, T. II.

« Prieuré de Feuillants, bâti sur l'emplacement du château de Tesselin-le-Roux, père de saint Bernard... Le peuple des environs y accourt chaque année pendant l'octave de saint Bernard, et satisfait sa dévotion en *l'invoquant dans la Chambre où il est né* en 1091. »

Plus d'un lecteur sera tenté de se plaindre du nombre et de la longueur de ces textes. Mais nous tenons essentiellement à ce que l'on ait en main toutes les pièces qui doivent élucider la question et amener une solution sans réplique.

Or, de cet ensemble de documents, on peut tirer deux conclusions certaines :

1° L'oratoire primitif de Saint-Bernard, vulgairement nommé Chambre natale, formait, dans l'église des Feuillants, la chapelle spécialement dédiée au saint abbé. De même qu'il y avait dans cette église une chapelle sous le vocable de la Vierge, il y en avait une également sous le vocable de saint Bernard, et la Chambre natale ne différait pas de celle-ci. On ne peut admettre qu'il y ait eu en même temps l'autel de saint Bernard et l'autel de la Chambre natale. Cette distinction n'apparaît nulle part. On n'en découvre aucun indice. Dans les titres du prieuré, particulièrement, il est souvent fait mention de « la chapelle de saint Bernard » et jamais de « la Chambre natale ». Si l'on fait don d'une lampe en argent, c'est devant l'autel de saint Bernard qu'elle est suspendue. Les messes de fondations se célèbrent, de préférence, à l'autel de saint Bernard. La faveur de l'autel privilégié est attachée à ce même autel. Louis Gellain ne parle non plus que de « la chapelle de saint Bernard ». D'où cela vient-il, sinon de ce qu'il n'y a pas lieu de distinguer entre la « chapelle » et la « chambre », mais que ces deux noms désignent un seul et même oratoire ? D'ailleurs Louis Gellain est formel, malgré la tournure embarrassée de son style. Il signale donc dans l'église du monastère une chapelle de saint Bernard et une seule. C'est, dit-il, le lieu même où, selon la tradition, le saint est venu au monde, en d'autres termes, la Chambre natale. Telle est la base de son argumentation. La raison qui lui fait croire que la chapelle de Saint-Bernard existant en 1770 est la même que l'ancienne, c'est que celle-ci lui semble avoir été aménagée dans le vrai lieu natal, et que celle-là s'y trouve également. L'identité de la Chambre natale et de la chapelle Saint-Bernard de l'église des Feuillants est donc certaine.

2° La Chambre natale ou chapelle de Saint-Bernard, — nous venons de prouver qu'à cette double appellation répond un objet unique — n'a point conservé sa primitive simplicité après l'établissement des Feuillants, mais elle fut ornée par ces religieux. Le témoignage de Louis Gellain ne permet pas d'en douter. « Il y a tout lieu de croire, dit-il, que la chapelle actuelle de Saint-Bernard est la même que l'ancienne, et que nous n'avons fait que l'orner après notre établissement sans la changer de place. » On avait donc exécuté des travaux décoratifs dans la Chambre natale. Et ces travaux dataient du XVII° siècle. Car, du moment que Louis Gellain, qui écrivait en 1770, s'exprime ainsi : « Après notre établissement », il reporte évidemment le fait en question à une époque voisine de la fondation du prieuré. Si les traditions de la communauté, si quelque pièce des Archives dont il dressait l'inventaire, lui eussent appris que les Feuillants avaient longtemps gardé intact l'ancien oratoire, il eût parlé d'une autre manière.

Au reste, il est facile de corroborer ce témoignage. En effet, les Feuillants se montrèrent on ne peut plus empressés d'embellir le berceau de leur saint Patriarche : les passages empruntés à l'opuscule de Jean de Saint-Malachie le révèlent clairement. Comment, dès lors, eût-on laissé, dans une nudité froide et négligée, « la très sainte et très recommandable chapelle » si dévotement rappelée dans le contrat d'acquisition ? Avait-on, quand on aménageait le monastère, le bon goût de conserver tels quels les monuments d'un autre âge ? Voici, d'ailleurs, des preuves formelles : En 1618, il existait un projet de décoration de la chapelle Saint-Bernard, et, pour ce travail particulier, Louis XIII fit une offrande de trois mille livres : les Lettres Patentes du mois de juillet de ladite année l'attestent expressément. Le projet fut mis à exécution, car, en 1653, l'auteur du *Sommaire de la vie de Saint Bernard* notait avec soin que le cellier natal étoit converti en une très dévote chapelle bâtie par la libéralité de Louis XIII. Publié à Dijon, le petit livre ainsi intitulé était le manuel d'une nouvelle confrérie de Saint-Bernard, érigée dans l'église même des Feuillants. Il contient ces mots, à l'article 3 du règlement des associés : « Le lieu de la dévotion de saint Bernard est celuy de sa naissance. » En un pareil livre, la chapelle regardée comme le cellier ou chambre natale ne pouvait qu'être désignée d'une façon exacte. Or, dit l'auteur, c'était une chapelle bâtie, c'est-à-dire, décorée par Louis XIII.

Ajoutons encore, pour n'omettre aucun argument, que, si la Chambre natale fût restée dans son état primitif, si elle eût été seulement rattachée à l'église et non pas fondue dans l'ensemble de l'édifice, Méglinger n'eût point manqué de nous en instruire. Ce moine entreprit son voyage avec le plus ardent désir de vénérer les traces de saint Bernard à Fontaines, à Cîteaux et à Clairvaux (1). Aussi, quand il est Clairvaux, par exemple, il examine tous les détails des cellules du saint abbé ; il en mesure les dimensions. Dans l'église du prieuré de Fontaines, au contraire, l'autel du lieu natal attire seul son regard ; rien autre chose ne le frappe, ni la configuration de ce lieu, ni les parois : il n'a donc plus trouvé là ce cachet d'antiquité qui, à coup sûr, eût exalté son imagination.

1. *Pulsabat animum*, dit Méglinger, *regiones peregrinas perlustrandi cupido ; quam accendebat amor in mellifluum Patrem Bernardum : cum enim prope vivum in terris intueri mihi videbar, si loca illa visenda darentur, quæ illum in hanc mortalis vitæ lucem effudere, quæ tirocinem aluerunt, quæ abbatem adorarunt.* Migne, l. c. col. 1571, n° 3.

Enfin, le texte de Dumont n'infirme aucunement la conclusion qui vient d'être déduite. En prenant ce texte isolé, on a pensé naguère que Dumont avait vu encore la petite salle basse carrée simplement munie d'un autel. Mais ce sens qui a pu frapper à première lecture, est-il celui de l'auteur ? Il y avait dans l'église des Feuillants trois chapelles qui étaient de véritables salles basses, n'occupant que la partie inférieure des bâtiments, et toutes trois étaient sur plan carré ou rectangulaire. Une de ces chapelles n'était-elle pas la Chambre natale ? N'est-ce pas ce que Dumont veut dire par ces expressions : C'est une fort petite salle basse carrée et dont on a fait une chapelle ? Il est difficile de donner à ce texte une interprétation différente, surtout quand on a étudié l'église du monastère de Fontaines. En tout cas, rien, dans le passage allégué, ne contredit les témoignages si clairs et si autorisés qui précèdent. Dumont omet de noter si la petite salle basse carrée, transformée en chapelle, était restée simple et sans art, ou bien si on l'avait décorée. Cette omission, de la part d'un auteur dont les descriptions sont d'ordinaire incomplètes et parfois inexactes, ne saurait fournir un argument contre les solides raisons que nous avons fait valoir.

Ainsi, en résumé, la Chambre natale était la chapelle Saint-Bernard de l'église des Feuillants, et l'on y avait exécuté des travaux d'embellissement sous Louis XIII. Ces deux données aideront à reconnaître son emplacement.

Une étude attentive de l'église des Feuillants est maintenant nécessaire. Nous avons dressé le plan de l'église complète (voir *Planche* 3). On y voit fidèlement reproduite la partie que la Révolution a laissée debout, savoir : les deux chapelles royales A et B ; la chapelle F, qui, d'après des documents positifs (1), renferma le maître-

---

1. Archiv. de la Côte-d'Or, H. Liasse 996, layette F, n° 36 ; autre layette intitulée États de situation (voir l'État de 1773) — Q-2, Liasse 34, cote 20.

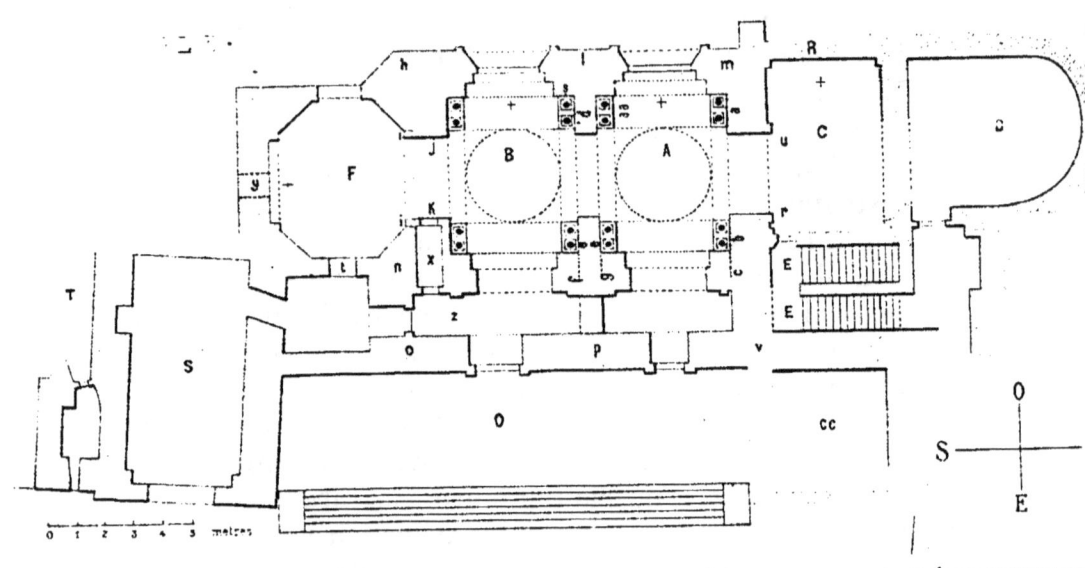

PLAN DE L'ÉGLISE DES FEUILLANTS A L'ÉPOQUE DE LA RÉVOLUTION

autel de 1773 à 1793 ; enfin, la sacristie S. Quant à la partie détruite, des fouilles que nous avons dirigées nous-même, l'Inventaire estimatif du monastère (1) dressé par l'architecte Nogaret le 16 juillet 1791, quelques autres renseignements recueillis çà et là, nous ont permis de la restituer avec assez d'exactitude. Elle comprenait la chapelle C, l'exèdre ou chœur des religieux D, l'escalier à deux rampes E E, le clocher CC, le perron O, régnant devant la façade.

A première vue, on cherche à s'expliquer l'ordonnance architectonique de cette église par une nef qui se relierait à un sanctuaire situé au nord ou au sud ; mais un œil exercé n'est point satisfait de cette explication. Un examen plus sérieux fait reconnaître trois chapelles rectangulaires contiguës, orientées ou plutôt contre-orientées de l'est à l'ouest, auxquelles se soudent assez mal, du côté du nord, l'exèdre terminé en hémicycle ; du côté du sud, une quatrième chapelle, sur plan octogonal, dont l'autel faisait face au chœur des religieux.

Chaque partie du petit édifice a besoin d'être étudiée en détail.

Les deux chapelles ou coupoles A et B, construites dans le meilleur style de la Renaissance, se distinguent par une décoration très riche et tout à fait symétrique. La première est ornée du chiffre et des armes de Louis XIII ; la seconde, du chiffre et des armes d'Anne d'Autriche. Au-dessus des portes, règne une galerie avec tribunes. Sous l'arcade de chaque tribune, on lit le millésime de 1619. Ce millésime est gravé d'ancienne date dans la chapelle du roi. Il n'est inscrit dans celle de la reine que depuis les derniers travaux de restauration. Heureusement, le sculpteur n'a pas commis un anachronisme : on en a la preuve dans une inscription que nous publions plus loin. Il y a donc en A et B deux chapelles jumelles dont l'ornementation ne remonte pas au-delà

1. Cet Inventaire a été publié par M. Frédéric Lépine, à la suite de son opuscule intitulé *Vie de saint Bernard*, Dijon, Jobard, 1883.

de 1619. Ces chapelles tranchent sur tout le reste de l'église. Elles forment comme un monument à part, ou mieux, le monument lui-même. Les autres parties de l'édifice paraissent être seulement des accessoires. Une remarque très importante à ajouter, c'est que, si les constructions décoratives des chapelles royales ne sont pas antérieures à 1619, les gros murs rectangulaires *h l m v p o n* qui les renferment, sont certainement plus anciens : ce sont des restes du vieux château. De même pour le mur de refend *d e* (1). Avant 1793, les gros murs *h l*, etc., avaient une assez grande élévation. Leur ensemble composait un bâtiment en forme de parallélogramme, dont la partie basse était occupée par les deux chapelles, et la partie haute, par une salle décorée, elle aussi, dans le goût somptueux de la Renaissance. On voyait dans cette salle l'écusson de Louis XIII, très finement sculpté (2). Tout ce bâtiment — le seul qui fût orné de la sorte — avait donc aux yeux des Feuillants une importance particulière : cette conclusion s'impose.

Que restait-il d'un logis si précieux, après que les démolisseurs de 1793 eurent accompli leur œuvre néfaste ? Les deux coupoles seulement. Encore avait-on enlevé leurs colonnes et mutilé leurs sculptures. Un amas de décombres fut leur unique toiture jusqu'en 1821. Alors, un avocat du barreau de Dijon, M. Claude-Xaxier Gi-

---

1. Nous avons vu nous-même, au moment des travaux de restauration, en *b c*, en *e f*, en *g*, derrière les constructions décoratives commencées l'an 1619, l'alignement des murs primitifs *a b, d e*, recouverts encore de leur enduit de plâtre. Près du point *m*, on a trouvé, dans l'intérieur du mur, une baie obstruée, appartenant à une vieille bâtisse. Elle a semblé de forme ogivale ; l'ébrasement était bien marqué ; l'appareil, en petits moellons. Elle avait environ 0m,90 de large sur un peu plus de haut. En *d*, la partie afférente au sol n'était plus qu'un amas de poussière, et l'on ne voyait plus trace de chaux dans les mortiers. Le mur *o p v* était dans un tel état de vétusté, qu'il a été impossible d'en rien conserver.

2. Nogaret, dans son Inventaire estimatif, parle, pour cette salle, d'un blason des ducs de Bourgogne. C'est une erreur. L'écusson a été retrouvé dans les combles, au-dessus de la coupole A. Il porte les armoiries de Louis XIII.

rault (1), acheta la partie principale de l'héritage des Feuillants, jeta un toit de pierre sur les chapelles, et les sauva ainsi d'une ruine totale. C'est à partir de cette époque que les restes du couvent de Fontaines offrirent l'aspect sous lequel ils sont représentés dans la *Figure* 1. Toutefois, quelques détails secondaires marqués dans ce dessin, comme la porte N, par exemple, ne sont pas antérieurs à 1840, c'est-à-dire à l'acquisition de la Maison natale de saint Bernard par M. l'abbé Renault.

FIGURE 1
Vue des restes du couvent des Feuillants de 1821 à 1881
Aspect du Levant

La chapelle ou sanctuaire F appelle aussi toute l'attention du lecteur, car on a cru y reconnaître la Chambre natale de saint Bernard, et nous avons sur ce point à

---

1. Claude-Xavier Girault, né à Auxonne le 5 avril 1764, prêta son serment d'avocat au Parlement de Dijon, le 21 juillet 1783, et fut pourvu, trois ans après, de l'office de conseiller auditeur à la Chambre des Comptes. A la suppression des cours souveraines, il se retira dans sa ville natale, dont il fut nommé maire sous le Consulat. Il revint plus tard habiter Dijon comme avocat consultant, exerça les fonctions de juge de paix dans l'un des arrondissements de cette ville, et y mourut le 5 novembre 1823. Il voulut être inhumé à Fontaines, où il avait acheté, le 9 août 1821, la plupart des bâtiments qui restaient du monastère des Feuillants, ainsi qu'une partie des dépendances.
Membre des plus actifs de la Commission archéologique et de l'Académie de Dijon, correspondant de beaucoup d'autres sociétés savantes, Claude-Xavier Girault a laissé un grand nombre d'opuscules, parmi

redresser l'opinion. Cette chapelle n'a aucune valeur architecturale, ni rien qui s'harmonise véritablement avec les élégantes coupoles de Louis XIII et d'Anne d'Autriche. L'art du xviie siècle n'a point mis là son cachet. Les murs étaient recouverts d'un vulgaire enduit, qu'on a fait tomber pour étudier les maçonneries. Celles-ci appartiennent à des époques diverses et difficiles à déterminer. Tel est l'avis des architectes qui les ont examinées : M. Selmersheim, chargé de la restauration de la Maison de Saint-Bernard, et M. Pierre Degré, qui nous seconde dans l'élaboration de nos dessins. Voici pourtant ce qu'a fait découvrir l'inspection la plus minutieuse. Le sanctuaire F n'entre pas, du moins comme tel, dans le plan primitif de l'église des Feuillants. En effet, quand on construisit la partie décorative des chapelles royales, le mur $o\,n$ se prolongeait jusqu'en $h$, et on le laissa subsister. La preuve a été fournie par l'état de la clef et des claveaux de l'arcade $j\,k$ du côté du sanctuaire. Sur cette face, la clef est sans sculpture, et les claveaux sont taillés grossièrement pour être appuyés contre une maçonnerie. De plus, les angles $i$ sont postérieurs aux constructions commencées en 1619, il est facile d'en juger par la taille différente et le raccordement mal fait. Le mur $o\,n\,h$ appartient donc au vieux logis rectangulaire qui renfermait les coupoles, et la baie ouverte en pans coupés qui forme la partie antérieure du sanctuaire, date seulement de l'époque où celui-ci fut aménagé. Aucun des trois autres murs dont se compose la chapelle F, n'a paru offrir des signes de grande vétusté. Le plus ancien, selon toute apparence,

---

lesquels une Notice sur saint Bernard et sa maison natale (Dijon, Gaulard-Marin, 1824). Il a trop élargi le cercle de ses recherches et surtout trop multiplié ses publications pour avoir vu d'assez près les questions par lui abordées. C'est ainsi que dans la Notice que nous rappelons, il s'est absolument mépris sur l'emplacement de la Chambre natale, et qu'il a égaré le premier l'opinion sur ce point. Mais on ne saurait trop lui savoir gré d'avoir empêché la ruine des chapelles de Louis XIII et d'Anne d'Autriche, et d'avoir conservé plusieurs inscriptions où l'on devait trouver des éléments pour rectifier son erreur.

est celui du midi, dans sa partie inférieure au moins, où l'on a remarqué, en *y*, une porte condamnée. C'est aussi le plus épais; mais son épaisseur n'égale pas celle du mur *o n h*, elle dépasse à peine un mètre. Il y a tout lieu de croire, vu l'aspect de la porte retrouvée, que cette bâtisse ne fut jamais plus forte (1). Les trois fenêtres percées dans la partie supérieure de ces murs rappelaient le xviiie siècle, par leurs dimensions, le plein cintre et l'absence de moulure. Un dernier détail à noter, c'est que la chapelle F occupait toute la hauteur du bâtiment, et n'était point surmontée d'une salle ni même d'un grenier (2).

La chapelle C et le chœur des religieux D furent complétement détruits en 1793. Il n'en est resté que les fondations. Nous en avons relevé le plan exact, après que l'on eût fouillé le sol. Ces deux parties de l'édifice ne sont pas dans le même axe que les autres. Néanmoins elles appartenaient primitivement à l'église des Feuillants. La clef sculptée et les claveaux soigneusement polis que l'on voit en *u v*, les pilastres conservés jadis sur la face nord du mur *a b*, l'insinuent d'une façon asssez claire (voir plus loin *Figure* 2). Il en existe d'ailleurs une preuve péremptoire. La pierre posée par Catherine Chabot et portant la date de 1615 a été trouvée en R, dans la ligne même des murs de la chapelle C. Nous donnons immédiatement l'inscription et les armoiries (3) gravées sur cette pierre.

---

1 Il avait d'abord semblé qu'un mur ancien du sanctuaire F — sur la ligne *n h* — présentait jusqu'à 9 pieds d'épaisseur. Cela confirmait l'opinion qui plaçait dans ce sanctuaire la Chambre natale, antique cellier de la grosse tour. Mais deux choses étaient restées inaperçues : 1° l'épaisseur du mur *n h* a doublé en 1619, par l'application d'une nouvelle bâtisse contre l'ancienne ; 2° le mur primitif appartenait au logis des coupoles plutôt qu'au bâtiment compris entre ce logis et la tour d'entrée.

2. La petite salle qu'on voyait au-dessus du sanctuaire avant la restauration de la Maison de Saint-Bernard, avait été aménagée par M. l'abbé Renault.

3. D'après le P. Anselme (T. IV, p. 574), « le scel de Jacques Chabot — père de Catherine — était écartelé : au 1 et 4 trois chabots, au 2 un lion, au 3 une étoile à plusieurs rais. »

IHS MA
D ⁌ O ⁌ M
16 15

PINGVESCVNT . SPE
CIOSA . DESERTI . ET . EXVL
TATIONE . COLLIS . ACCIN
GITVR . NATI . OLIM . DIVI
BERNARDI . HVIVS . DE
RELICTÆ . DOMVS . REN
ASCENTE . GLORIA . CV
IVS . SANCTITATIS . MIRA
SPECIE . ET . PVLCRITVDI
NE . INTENDIT . PROSPE
RE . PROCEDITQVE . VT
DOMVS . ORATIONIS . FI
AT . VOTIS . OCCVRRĒTI
BVS . TOTIVS . ECCLESIÆ
REGNI . PATRIÆ . DIVIONĒ
TIVM . ET . FILIORV̄ . FVLIEN
TIVM . VICE . OMNIVM . DE
VOTA . MANV̄ . PORREXIT
OPERI . ILLVSTRIS . D . DOM̄
CATARINA . CHABOT

9 MAII SVIS SIBI ET OPERI FŒLICITER

La pierre ornée de cette inscription était recouverte par une autre pierre, portant aussi l'inscription suivante :

STRVCTA † DEO ÆDES
SVMº PONTIFICE ROMº
PAVLO QVINTO
FRANCORV̄ REGE
CHRISTIANISSIMO
LVDOVICO XIII
A NATIVITATE DIVI
BERNARDI DXXV (1)
AB INSTITVTIONE
CONGREⁱˢ FVLIENSIS
ORDIN|XXXV|CISTER (2)

1. D'après cette inscription, saint Bernard serait né en 1090. La date de 1091 est généralement préférée. Pour déterminer l'année de la naissance de saint Bernard, il faut tenir compte de l'âge qu'il avait : 1º en entrant à Cîteaux, au printemps de 1113; 2º le jour de sa mort, 20 août 1153. La *Vita* 1ª recension A lui donne environ vingt-trois ans quand il quitte le siècle, et près de soixante-quatre ans quand il meurt (*Der heilige Bernard von Clairvaux* du Dʳ Hufler, p. 130, note 7). Par conséquent, 1090 serait la date probable de la naissance. Mais des sources plus véridiques, la *Vita* 1ª recension B et la *Vita* 2ª déclarent le saint âgé d'un peu plus de vingt-deux ans lors de son entrée à Cîteaux, et d'un peu moins de soixante-trois au jour de son décès. Telle est l'interprétation la meilleure des textes de Geoffroi et d'Alain. C'est ce qui fait préférer 1091 à 1090. Disons toutefois que ces données sont trop vagues pour qu'on puisse baser sur elles un calcul chronologique précis. Elles permettent seulement d'affirmer que saint Bernard est né au commencement de 1091 ou à la fin de 1090. — Mabillon, qui a publié le texte de la recension B pour la *Vita* 1ª, a interverti les leçons relatives à l'âge de saint Bernard entrant à Cîteaux. Il a inséré dans son texte la leçon du type A : *annos natus circiter XXIII* ; et il cite simplement comme variante la leçon du type B : *annos natus circiter XXII*. (Migne, l. c., col. 237).

2. L'année 1615 étant donnée ici comme la XXXVᵉ de l'institution de la congrégation des Feuillants, on devrait donc placer les débuts de cette congrégation vers 1580. Cependant Jean de la Barrière commença plus tôt sa réforme. À vrai dire, c'est seulement deux ans après le chapitre général de Cîteaux tenu en 1578, que les postulants arrivèrent en grand nombre autour de l'austère réformateur, demeuré presque seul jusque-là (*Vie de V. Jean de la Barrière*, par M. l'abbé Annoncia Bazy, Toulouse et Paris, 1885, p. 129 et 135). De cette sorte, l'année 1580 peut être regardée comme la date initiale de la congrégation.

On ne saurait donc en douter, le chœur des religieux et la chapelle attenante sont les premières constructions élevées par les Feuillants pour s'aménager une église. L'époque de ces constructions en révèle le style : c'était celui de la Renaissance. Mais l'état ancien du mur *a b* sur la face nord (voir *Figure 2*) et la description fournie

FIGURE 2
Vue des restes de l'église des Feuillants de 1821 à 1870
Aspect du Nord (1)

par Nogaret prouvent qu'il y avait là une architecture moins riche que dans les coupoles. Nogaret mentionne

---

1. La chapelle C et le chœur des religieux occupaient l'emplacement couvert de broussailles. Après les avoir démolis, on ferma par un mur de remplissage l'arcade qui s'ouvrait sur la coupole A. Cf. *Planche 3*.

un grenier régnant « sur le chœur et une partie de l'église », c'est-à-dire sur le chœur et la chapelle attenante. Ce grenier, dit-il, « était autrefois une chambre, attendu que l'on y a masqué une cheminée. » Le chœur, un peu plus élevé que le niveau général de l'église, était sur cave. Une porte mettait en communication la chapelle C avec l'escalier. Celui-ci desservait les galeries des différents étages et le clocher.

Pour ne rien omettre qu'il soit utile de savoir au sujet de l'église des Feuillants, reste à parler de la sacristie. Quand éclata la Révolution, la sacristie, S, était dans l'ancienne tour d'entrée du château, dont elle occupait le passage transformé en une salle. La présence des gonds sur lesquels pivotaient autrefois les vantaux de la porte, les rainures bien visibles du passage de la herse, enfin l'arcade ogivale qui réapparaît maintenant, dégagée des obstructions modernes, et que les architectes croient appartenir au XIV$^e$ ou XIII$^e$ siècle : telles sont les preuves palpables qu'on possède là les restes de la tour d'entrée mentionnée dans une charte de janvier 1423 (n. st. 1424). La sacristie, d'abord dans un autre local, ne fut transférée dans celui-ci que peu avant la Révolution (1). Entre la sacristie et l'église, un vestibule, formé du rez de chaussée d'une ancienne tourelle, s'ouvrait sur l'église par deux portes. Une de ces portes, *t*, introduisait directement dans le sanctuaire. (2) Au

---

1. Dans le compte ou État de situation du monastère de Fontaines, dressé en 1776, on lit, à l'article des dépenses : « *Sacristie nouvelle* : pour la maçonnerie, buffet, boiserie à hauteur d'appui, croisées, portes, escalier et peinture, 370 livres. » Archives de la Côte-d'Or, H, 996, layette États de situation. La confrontation de cette note avec l'inventaire de Nogaret prouve qu'il s'agit de la sacristie aménagée dans l'ancienne tour d'entrée du château. En 1770, cet aménagement n'était pas encore fait. Car, alors, Louis Gellain (l. c. p. 45) mentionne « l'appartement qui est en bas de la grande tour », et c'est l'ancienne tour d'entrée que les Feuillants désignaient ainsi. Le local primitif de la sacristie peut avoir été le rez de chaussée de la tour du clocher. Celui où elle fut transférée, avait servi de parloir jusqu'en 1671.

2. C'était primitivement par le couloir X que l'autre porte du vestibule en question donnait accès dans l'église. Nous ne voyons du moins pas de meilleure explication de ce couloir ménagé au milieu d'un pi-

midi de la sacristie, un bâtiment, T, avait fait partie du vieux château, mais les Feuillants l'avaient reconstruit et agrandi, vers 1780. Ces religieux l'appelaient la « petite tour » ou le « logement du vigneron » (1).

Telle était donc l'église des Feuillants. C'est dans une des chapelles dont elle se composait, qu'il s'agit de reconnaître l'emplacement de la Chambre natale.

Il y a d'abord une élimination facile à faire. La Chambre natale n'était point dans la partie nord de l'édifice, renversée en 1793. En effet, la chapelle C et le chœur des religieux ne remontent pas au delà de 1615, nous l'avons établi. Si l'on veut ajouter une nouvelle preuve à celles que nous avons déjà données, on peut consulter plus loin la *Planche 5*. Cette planche reproduit un dessin du château de Fontaines tracé par Étienne Martellange, le 21 septembre 1611, environ trois ans avant l'arrivée des Feuillants. Or, à cette époque, il n'y avait aucun bâtiment sur l'emplacement de l'exèdre et de la chapelle attenante. Ainsi l'oratoire primitif est nécessairement l'une des deux coupoles ou le sanctuaire F.

Étudions d'abord les coupoles. Voyons si elles ne nous révéleraient point l'emplacement de la chapelle de Saint-Bernard, et partant celui de la Chambre natale, qui n'en est pas distincte.

Le lecteur se le rappelle, ces coupoles furent décorées avec un soin tout spécial. Une d'elles, A, était la chapelle de Louis XIII ; l'autre, B, la chapelle d'Anne d'Autriche. Plusieurs inscriptions se rapportant à cette partie de l'église furent heureusement conservées par

lier. Deux autres vestibules, à l'entrée des chapelles royales, étaient voûtés en anse de panier. La symétrie, la régularité même demandait près du point Z un mur pour soutenir la retombée de la voûte du vestibule de la chapelle B. Les remaniements exécutés plus tard auront modifié cette disposition. Dans la même chapelle B, la porte débouchant sur le perron O devait notablement de l'axe. Elle avait donc été ouverte par les Feuillants avant qu'on eût entrepris les constructions décoratives, et lorsque la chapelle B formait un local plus large, suivant le rectangle *o h l p*.

1. Archives de la Côte-d'Or, H, 996, layette États de situation du monastère de Saint-Bernard. Voir États de 1782, 1785, 1788.

M. Girault ; d'autres viennent d'être découvertes, et complètent les précédentes. Nous allons toutes les reproduire.

Sur les murs extérieurs de ce qui restait du bâtiment des coupoles, M. Girault remarqua six inscriptions : quatre au levant, deux au couchant (1).

La façade du levant présentait d'abord deux pierres portant des inscriptions très lisibles. Nous en donnons le dessin exact, car elles sont parvenues jusqu'à nous, sans détérioration :

Figure 3
Pierre n° 1.

Figure 4
Pierre n° 2.

1. Voir la notice de M. Girault, intitulée : *Maison natale de saint Bernard*, petite brochure in-12, Dijon, Gaulard-Marin, 1824, p. 19, et 36. Cette notice se trouve aussi dans l'*Annuaire hist. et stat. de la Côte-d'Or*, année 1824. Elle est entachée de plusieurs inexactitudes. — Toutes les pierres ornées d'inscriptions étaient-elles demeurées en place, ou bien quelques-unes gisaient-elles dans les décombres, au pied des murs ? Là-dessus M. Girault ne dit rien d'explicite. Mais ce détail est sans importance. Il est facile de déterminer sûrement à quelles chapelles appartenaient les inscriptions.

Un peu plus bas, deux autres pierres, ouvragées, avaient souffert du vandalisme révolutionnaire. Le des sin des sculptures restait pourtant bien accusé, car nous avons pu encore le relever. La partie supérieure était ornée d'un chiffre royal surmonté de la couronne et enlacé de deux branches de laurier. La partie infé

Figure 5
Pierre n° 3

rieure formait un cadre renfermant une tablette de marbre noir avec inscription. M. Girault ne trouva plus qu'une seule de ces tablettes de marbre. Il crut l'autre totalement perdue. Celle-ci cependant a été retrouvée, en 1884, à l'évêché de Dijon. Replacée dans son cadre, elle a permis de restituer la pierre n° 3 (voir *Figure 5*).

La tablette de marbre est fracturée, comme le dessin l'indique, et un angle a disparu. Elle appartient évidemment à la pierre n° 3, marquée du chiffre de la reine.

L'autre tablette de marbre, qui appartenait à la pierre n° 4, est perdue aujourd'hui. M. Girault la vit encore à

Figure 6
Pierre n° 4

sa place, mais brisée et incomplète. Voici ce qu'il put lire de l'inscription :

S. D. BERNARD AD. SOLV̄
MESTICV̄
ABILIV̄. PRO. RE
SALVTE. ORAT

Voulant restituer l'inscription entière et n'ayant pas le secours de la précédente, M. Girault donna ce texte que le lecteur jugera, comme nous, inacceptable :

*S. D. Bernard. ad solū*
*Domesticū Potentem*
*Mirabiliū pro Regis*
*Salute orat et in cœlū* (1).

La restitution véritable de la double inscription nous paraît être celle-ci :

AD. S. MARIĀ. CITHARISTÆ
SVI. B$^{di}$. LARES. MVNIFICE. HO
NESTANTE. PRO. REGIN[Æ]
SALVTE. ORATO[RIVM]

S. D. BERNARD[O] AD. SOLV̄
[DO]MESTICV. [PATRATORI]
[MIR]ABILIV. PRO. RE[GIS]
SALVTE. ORAT[ORIVM]

Les chapelles de Louis XIII et d'Anne d'Autriche étaient, en effet, des *oratoires*, où l'on devait prier pour la conservation du roi et de la reine ainsi que de la dynastie. Jean de Saint-Malachie, dans son opuscule, (2) nous montre les deux augustes fondateurs s'empressant de faire élever ces pieux édifices *ut se toto ei* (Bernardo)

---

1. *Maison natale de saint Bernard*, p. 19.
2. *DEO OPT. MAX. et S° BERNARDO pro nova Basilicæ Fontanensis instauratione sacrum*, Bibl. de Dijon.

*serio commendare posteritatemque ejusdem meritis a Deo obtinere mereantur*. Les mêmes vœux sont énoncés dans d'autres inscriptions. Quant à l'expression *Patrator mirabilium*, on n'hésitera guère à l'adopter, après avoir lu ce passage de l'opuscule déjà cité : *Te ergo, ô Pater* (Bernarde), *agente qui* MIRABILIUM PATRATOR *et immutator es*, QUALIS ET HOC LOCO TE *tua benignitate sub oculis omnium et nostris* SÆPIUS PROBASTI...On n'a point oublié que Jean de Saint-Malachie était chargé d'office par sa congrégation de diriger la fondation du monastère de Fontaines. Il paraît donc être l'auteur des inscriptions, et c'est à l'aide de ses écrits qu'il faut les interpréter.

Telles étaient les quatre inscriptions du levant. M. Girault trouva celles du couchant « mutilées et illisibles. » On avait labouré au ciseau les lignes du texte, afin d'en rendre impossible la lecture. Toutefois, M. Girault eut la sage précaution de ne point détruire les deux pierres inscrites, malgré leur mauvais état. Dans les travaux qu'il fit exécuter pour assurer la conservation du monument, il les replaça avec les quatre autres « sur la principale façade », réunissant ainsi toutes les inscriptions ensemble.

Pour remplir le cadre vide de la pierre n° 3, il mit la première strophe de l'*Ave maris stella*, à la place de l'inscription *Ad. S. Mariam*, qui lui manquait. (1) On peut voir *Figure 1*, la disposition que M. Girault avait donnée à ces six pierres : chacune d'elles y est représentée avec son numéro d'ordre.

Les inscriptions du couchant, numéros 5 et 6, étaient elles absolument illisibles? Non, et nous avons pu les déchiffrer, lorsque les pierres furent descendues, pendant la récente restauration du bâtiment des coupoles. La lecture que nous en avons faite a été dûment vérifiée. Aussi est-ce en toute assurance que nous donnons ces deux inscriptions avec le dessin des pierres sur

---

1. *Maison natale de saint Bernard*, p. 19 et 36.

lesquelles on les avait gravées. On voyait au-dessus des pierres les chiffres royaux surmontés de la couronne et enlacés d'une branche de laurier et d'une palme.

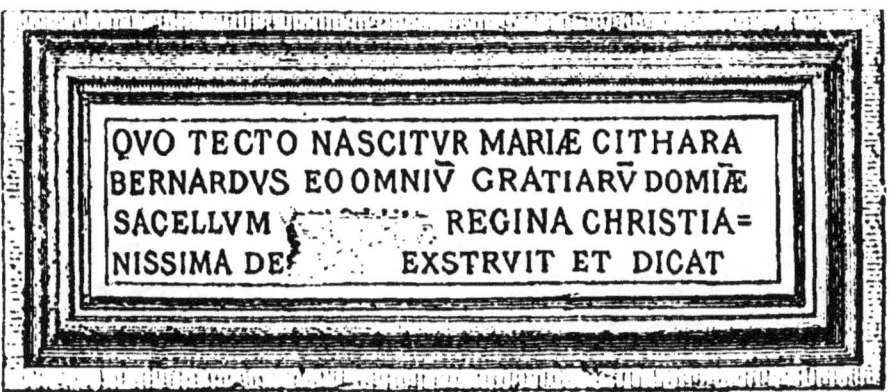

FIGURE 7
Pierre n° 5

Il manque deux mots de cette inscription. L'action de la gelée a délité la pierre à l'endroit où ils étaient gravés, et les derniers vestiges des caractères ont disparu.

Le second mot devait être DEVOTA. Mais l'absence de l'un et de l'autre est sans importance, car elle n'enlève rien au sens fondamental du texte (1).

FIGURE 8
Pierre n° 6

1. On chercherait vainement ces pierres et ces inscriptions anciennes, dans le monument restauré. A l'exception des pierres numéros 1 et 2 tout le reste était dans un tel état de vétusté et de mutilation qu'il a été impossible d'en tirer le moindre parti. Plusieurs de ces curieux débris sont actuellement dans la partie nord du clos qui entoure la Maison de Saint-Bernard.

Les six inscriptions que nous avons reproduites, forment, comme on le voit, une double série parallèle. La première série se compose des nos 1, 3 et 5; la seconde, des nos 2, 4 et 6.

| 1 | 2 |
|---|---|
| Sacellum B. Mariæ Dominæ Omnium Gratiarum | Sacellum S. Bernardi Patris et ecclesiæ Doctoris |
| 3 | 4 |
| Ad S. Mariam citharistæ suis Bernardi Lare munifice honestantem, pro Reginæ salute oratorium | S. D. Bernardo ad solum domesticum patratori mirabilium, pro Regis salute oratorium |
| 5 | 6 |
| Quo tecto nascitur Mariæ cithara Bernardus eo Omnium Gratiarum Dominæ sacellum... Regina christianissima de[vota] extruit et dicat | Regis regum dono electissimo et regum christianissimi largitionibus augusta duplici titulo fulgit capella |

Manifestement, la première série appartient à la chapelle d'Anne d'Autriche, à la coupole B; et la seconde série, à la chapelle de Louis XIII, à la coupole A. La coupole B est donc la chapelle de la Sainte Vierge, invoquée sous le nom de Notre-Dame de Toutes Grâces; et la coupole A est la chapelle de Saint-Bernard : le témoignage fourni par les six inscriptions est pleinement explicite.

Ce témoignage est confirmé par d'autres inscriptions.

En décembre 1885, lorsqu'on rétablissait les piédestaux des colonnes aux quatre angles de la chapelle du roi, on découvrit, dans l'emplacement du piédestal aa (voir *Planche 3*) une pierre de taille présentant, au centre de sa partie supérieure, une petite excavation de 0$^m$04 de profondeur. Dans cette excavation se trouvait une plaquette de plomb, épaisse de quelques millimètres, et portant, sur chaque face, une inscription en relief. Nous reproduisons par le dessin cette plaquette, en lui conservant ses vraies dimensions.

FIGURE 9
Face de la plaquette

FIGURE 10
Revers

Parmi les personnages figurés, on reconnaît aisément saint Bernard prosterné devant la Sainte Vierge, et tenant d'une main la crosse abbatiale, de l'autre une église. La pose de la Vierge indique qu'on a voulu rappeler le prodige de la lactation. Quant au groupe de personnages agenouillés à la suite de saint Bernard, il est assez indéterminé. L'inscription n'exprime aucun vœu spécial au roi ni à la maison de France. Des vœux de cette nature, nous le verrons plus loin, furent gravés sur la base des colonnes. A-t-on voulu représenter, en général, ceux qui contribuèrent le plus à promouvoir la fondation de 1619? Faut-il voir là particulièrement celui qui posa la première pierre des constructions décoratives dans la chapelle de Louis XIII, ainsi que toute la famille de ce mandataire royal? L'inscription du revers renferme un vœu en faveur de ce personnage et de tous les siens. Mais il n'est pas nommé. Ne serait-ce point le duc de Bellegarde, qui avait déjà posé, le 6 janvier 1619, la première pierre de la grande église? Aucun document ne nous a fourni la réponse à ces questions.

Voici le relevé de l'inscription qui se lit sur la face de la plaquette de plomb :

1619. *Gloriose amice Sponsi et Sponsæ, sancte Bernarde, tuæ gloriæ congaudentes et decorem domus tuæ diligentes ac promoventes, tuo potenti sufragio, apud Jesum et Matrem ejus virginem, in vita et* [in] *morte, adjuva et protege.*

Nous transcrivons aussi l'inscription du revers :

*Deo Optimo Maximo laus sit et gratiarum actio æterna quod Ecclesiæ, Patriæ et orbi, ex hoc loco Fontanensi oriundum, sanctum Bernardum magnum dederit defensorem, patronum et doctorem. Tanti sancti venerationi et invocationi huic dicandæ sacræ structuræ, meritis et precibus ejusdem, piam manum porrigentem cum suis omnibus, in vita et in morte servet et protegat. Fiat, fiat. Amen. Anno fondationis* 1619.

Malgré l'indécision relative aux personnes objet des vœux formulés, il se dégage de ces textes une indication parfaitement nette : la chapelle A, où fut trouvée la plaquette, est la chapelle Saint-Bernard. C'est, en effet, saint Bernard qui est invoqué. On rend grâces à Dieu d'avoir donné un si grand saint à l'Eglise, à la France, au monde entier. Enfin, quoi de plus formel que ces expressions : *Tanti sancti venerationi et invocationi huic dicandæ sacræ structuræ ?*

Au cours de l'année 1887, une pierre avec inscription fut également découverte, dans la chapelle de la reine, sous l'angle s (voir *Planche 3*), qui appartient aux constructions décoratives. L'inscription est gravée en caractères très mélangés. Nous nous contentons de la relever, lignes par lignes :

☩

*Deo Optimo Maximo*
*et honori Deiparæ*
*Virginis Mariæ Sacello*
*dicando hac in æde citharistæ ejus*
*B. Bernardi nomine Reginæ Francorum christianissimæ Annæ*
*Austriacæ Ill͞mus et R͞mus*
*in Christo D. D. Sebastianus Zammet, ep͞us et Dux Lingonensis et*
*Par Franciæ Magnus prædictæ*
*Reginæ Elemosinarius hunc primum*
*Lapidem fœlici auspicio intim͞a devotione posuit*
  *octava gloriosæ*
  *Assomptionis ejusdem Deiparæ Mariæ regine reginar͞u*
*ab ejus partu virgineo anno*
   *MDCXIX*

Les quatre dernières lignes et le millésime de 1619 n'avaient pas trouvé place sur la face supérieure de la pierre déjà entièrement couverte : on les avait gravés sur les côtés.

La chapelle B, à laquelle appartient cette pierre, est donc la chapelle de la Sainte Vierge.

Ainsi les inscriptions posées aux fondations des chapelles royales rendent le même témoignage que les inscriptions posées sur les murs extérieurs. Elles attestent explicitement, les unes et les autres, que la chapelle de la reine est celle de la Sainte Vierge, et la chapelle du roi celle de Saint-Bernard.

Nous pouvons produire encore un autre document non moins clair et non moins décisif. On conserve, aux Archives départementales de la Côte-d'Or, parmi les titres relatifs à la vente des Biens nationaux, les procès-verbaux de l'inventaire estimatif et de la vente aux enchères du mobilier de l'église des Feuillants (1). Or, le 25 janvier 1793, Philippe Daudon, entrepreneur à Dijon, inventoriait ce mobilier pour la seconde fois, par ordre du Directoire du District, et dressait un procès-verbal d'où sont extraits les articles qui suivent :

« Article 1ᵉʳ

« Le tombeau du *maître-autel* en pierre peinte en marbre, de la longueur de 5 pieds 4 pouces, sur lequel il y a un agneau immolé, avec un marchepied en pierre polie de Dijon de la longueur de 6 pieds 3 pouces, et de la largeur de 2 pieds 10 pouces ; à la suite du tombeau il y a un soubassement en bois peint en marbre, qui monte à la hauteur du gradin, sur lequel soubassement il y a 4 colonnes en marbre de Flandre avec chapiteaux et bases de bois doré, ainsi que la corniche qui porte sur lesdits chapiteaux ; au-dessus de la corniche, un baldaquin composé de 4 consoles en partie dorées, surmontées d'un groupe de nuages avec des rayons et chutes de lauriers, ainsi que deux têtes de chérubins, le tout en bois doré. Un tabernacle en bois peint en marbre et doré. Derrière ledit autel, était *un tableau*

---

1. Archives de la Côte-d'Or, Q, 2, Liasse 34, cote 20.

*représentant l'Assomption de la Vierge*, peint sur toile par le citoyen Devosge; il avait de hauteur 8 pieds 10 pouces et de largeur 5 pieds 5 pouces, y compris la bordure du cadre; à chaque côté dudit cadre est un montant en bois peint en marbre, garni d'ornements d'église et guirlandes, le tout doré.

« A ma seconde visite, je n'ai trouvé que le cadre, le tableau en a été soustrait (1).

« Plus une crédence à droite de l'autel, ce que j'estime le tout ensemble 250 livres.

### « Article 2°

« *L'autel de la Vierge* est une vieille boisure, estimée la somme de 6 livres.

### « Article 3°

« *L'autel Saint Bernard* est supporté par 4 petites colonnes cannelées, en pierre, sur lesquelles colonnes est une pierre polie. Le retable de l'autel est composé d'un gradin, un tabernacle et soubassement; sur lequel soubassement il y a 4 colonnes torses avec chapiteaux et frontispice au-dessus desdits chapiteaux; le tout en bois doré; avec *un tableau dans le milieu représentant Saint Bernard*, et 4 images en bois, estimé le tout 36 livres.

« Les images en bois ont été soustraites.

### « Article 4°

« 16 colonnes avec leurs chapiteaux et bases, dont 10 en marbre noir et 6 autres en marbre de Flandre, les chapiteaux et bases en albâtre (2), les soubassements en pierre polie de Dijon, estimé le tout 314 livres.

### « Article 5°

« Les stalles, 30 livres. »

---

1. Ce tableau, ainsi qu'on le voit par d'autres pièces de la même liasse, avait été fort endommagé par l'humidité. A la prière du Directoire, Devosges l'avait enlevé pour le conserver. Il existe au musée de Dijon, sous le n° 278, une Assomption de Devosges, œuvre médiocre. La toile a 2m54 de haut sur 1m30 de large. C'est probablement le tableau provenant de l'église des Feuillants.

2. Le texte primitif du procès-verbal portait en *marbre blanc*, et l'on a mis par surcharge en *albâtre*. De fait, les chapiteaux et les bases des colonnes des coupoles qui ont été retrouvés, sont en marbre blanc.

L'exactitude de cet inventaire serait suffisamment garantie par son caractère officiel et par les circonstances au milieu desquelles il fut dressé. Mais, de plus, elle est garantie encore par d'autres pièces qui sont jointes à ce document, et où le mobilier de l'église des Feuillants est décrit de la même manière et dans le même ordre.

On se rend compte de la marche suivie par Daudon. Il commence par la chapelle F, où était l'autel majeur (voir *Planche 3*). D'après les indications qu'il donne, rien, dans cet autel, ne rappelait le souvenir particulier de saint Bernard. Le tableau, qui en formait la partie principale, représentait l'Assomption. Daudon passe ensuite dans la chapelle B, où il trouve « l'autel de la Vierge, » puis dans la chapelle A, où il trouve « l'autel Saint-Bernard. »

Ce nouveau témoignage est donc entièrement conforme à celui des inscriptions. Inutile d'en chercher d'autres. Le lecteur a maintenant les preuves les plus concluantes que la coupole du roi est la chapelle Saint-Bernard. Il connaît, dès lors, le véritable emplacement de la « Chambre natale, » puisque — nous l'avons solidement démontré plus haut — la chapelle Saint-Bernard et cette « Chambre » sont un seul et même oratoire. Ici, d'ailleurs, se rencontrent bien les deux caractères distinctifs de la Chambre natale : 1° une chapelle spécialement dédiée à saint Bernard, 2° une chapelle décorée sous Louis XIII, voire même en son nom particulier.

On peut, si on le désire, jeter un coup d'œil rétrospectif sur les inscriptions, sur les citations d'auteurs, qu'on a lues précédemment. Tout va s'expliquer d'une façon lumineuse, et vraiment propre à corroborer nos conclusions. Ainsi devient très clair, par exemple, le sens des premiers mots de l'inscription n° 6, laquelle appartient à la chapelle Saint-Bernard : **Regis regum dono electissimo.** Quel est ce *donum electissimum* ? C'est saint Bernard né, selon la tradition, dans la petite salle dont cette chapelle a été formée. Aussi bien l'inscription trouvée dans les fondations des constructions décoratives de la même chapelle (voir *Figure 10*), exprime-t-elle encore cette idée et en termes équivalents : *Deo... laus sit et gratiarum actio æterna* **quod ecclesiæ.. S. Bernardum.. dederit.** — Pourquoi, d'une part, l'inscription n° 5, qui se rapporte à la chapelle de la Vierge, attribue-t-elle la fondation et la dédicace de cette chapelle à la reine Anne d'Autriche (*exstruit et dicat*)? Et pourquoi, d'autre part, l'inscription parallèle n° 6, qui se rapporte à la chapelle Saint-Bernard, ne parle-t-elle ni de fondation ni de dédicace, mais seulement des offrandes de Louis XIII ? C'est que la chapelle Saint-Bernard n'a pas été créée par les Feuillants, comme celle de N.-D. de Toutes Grâces ; elle est l'oratoire primitif, « la très sainte et très recommandable chapelle » (*augusta capella*), revêtue d'un double éclat (*duplici titulo fulgit*), c'est-à-dire, non seulement de l'éclat de sa décoration architecturale, fruit des largesses du Roi très chrétien, mais, avant tout, de l'éclat que lui a donné Dieu lui-même, en y faisant naître saint Bernard. — Puisque la chapelle Saint-Bernard fut transformée en une élégante coupole, à l'aide de diverses offrandes, celles du roi nommément ; puisque, malgré cette transformation, elle continua d'être une des salles basses d'un logis à étages, on ne s'étonne plus de lire, dans le *Sommaire de la vie de Saint Bernard*: que le cellier natal fut converti en une très dévote chapelle « bastie par la libéralité et magnificence de Louys XIII»; ni, dans les *Voyages* de Dumont, les *Dictionnaires* de Corneille, de La Martinière, etc. : que la chambre où naquit saint Bernard « est une fort petite salle basse quarrée et dont on a fait une chapelle »; ni, dans l'*Inventaire* de Louis Gellain : que « les trois mil livres une fois payées pour la décoration de la chapelle Saint-Bernard, ont vraisemblablement été emploiées à achepter les colonnes de marbre qui soutiennent les deux coupoles de l'Eglise » — Enfin, on conçoit très bien que, sur la porte de la chapelle A (voir *Planche 3*), Dumont ait pu lire ces mots : « Venez, mes enfans, et je vous introduirai dans la Maison de mon père et dans la Chambre où ma mère m'a enfanté. » En effet, le pèlerin qui franchissait le seuil de cette porte, pénétrait dans l'antique demeure de Tescelin et dans la chambre même où, selon la tradition, la B. Aleth avait mis au monde son troisième fils.

Nous n'irons pas plus loin dans cette facile vérification de la justesse des termes qui se lisent et dans les inscriptions et dans les textes des auteurs. Mais, pour achever de traiter la question de l'emplacement de la Chambre natale de saint Bernard, nous réfuterons brièvement l'opinion qui voyait ce lieu vénérable dans la chapelle située au sud des coupoles, et nous dirons comment cette opinion s'était formée et accréditée de nos jours.

Il est de la dernière évidence que le sanctuaire F n'offre aucun des caractères distinctifs de la Chambre natale. Celle-ci était une salle basse sur plan carré, elle fut décorée sous Louis XIII, son autel était l'autel de Saint-Bernard. Or, le sanctuaire F, avant les remaniements de notre époque, occupait toute la hauteur d'un bâtiment ; il est sur plan octogonal ; loin d'y découvrir le moindre vestige de travaux d'embellissement datant du règne de Louis XIII, on est contraint d'avouer que l'art fut totalement étranger à sa construction ; son autel, orné d'un tableau de l'Assomption, n'était point l'autel de Saint-Bernard : celui-ci se trouvait sous la coupole du roi. Avec d'aussi notables différences, comment le sanctuaire F a-t-il pu être pris pour la Chambre natale? D'abord, par défaut de documents, plusieurs choses restèrent inaperçues. Que Louis XIII eût fait orner l'oratoire primitif, que la Chambre natale et la chapelle Saint-Bernard fussent identiques, que l'autel de Saint-Bernard différât du maître-autel : cela ne fut point remarqué. Des raisons plus spécieuses que solides persuadèrent que les Feuillants avaient longtemps gardé l'ancienne chapelle absolument intacte. Ces raisons se résument dans les qualifications de « chambre, cellier, salle basse » données à la chapelle vénérable. Mais nous l'avons montré, ces noms n'excluent pas la décoration de la chapelle, et le fait de cette décoration repose sur des preuves certaines. On se heurtait pourtant à une difficulté bien palpable : d'après les descriptions, la Chambre natale était une salle basse sur plan carré, tandis que le sanctuaire, de forme octogonale, occupait un bâtiment dans toute sa hauteur. On avait trouvé une solution. Pendant le xviii° siècle, pensait-on, les Feuillants avaient transformé l'ancienne chapelle, et si les auteurs l'appelaient toujours « une petite salle basse carrée », cela n'avait rien d'étonnant, puisque, de leur propre aveu, ils copiaient simplement Dumont.

L'hypothèse n'était pas tout à fait gratuite, il faut le reconnaître. En effet, les Etats de situation du monastère de Fontaines appartenant à la seconde moitié du xviiie siècle mentionnent, comme nous l'avons rapporté, la construction d'une « nouvelle chapelle, » le déplacement de la sacristie, l'érection d'un « maître-autel neuf en face du chœur » des religieux, tout un remaniement de la partie sud de l'église. Or, certainement, le sanctuaire F est cette nouvelle chapelle. Celle-ci ne saurait être ni la chapelle C, bâtie en 1615 ; ni l'une des coupoles, qui datent de 1619. D'ailleurs l'édifice lui-même atteste, on l'a vu encore, que l'aménagement du sanctuaire est postérieur aux travaux de 1619 : le sanctuaire est donc la dernière chapelle construite. De plus, la « nouvelle chapelle » formait à elle seule tout un bâtiment, elle avait son toit particulier : données qui conviennent au sanctuaire et à lui seul. De tout cela quelle conclusion tirer ? Non pas, sans doute, que le local F soit la Chambre natale. Car, il n'y a pas connexion nécessaire entre le fait d'être la Chambre natale et celui d'être devenu le sanctuaire de l'église, dans la seconde moitié du xviii$^e$ siècle. Ces expressions « la nouvelle chapelle,.. en face du chœur », employées pour désigner le sanctuaire F, insinuent-elles le moins du monde qu'il s'agisse de la chapelle dédiée à saint Bernard et vénérée comme le lieu de sa naissance? Et n'est-il pas démontré, par tout ce qui précède, que la chapelle Saint-Bernard est la coupole de Louis XIII ?

Quelqu'un cependant prétendrait-il encore que le sanctuaire F peut avoir été l'oratoire primitif, et qu'ayant été reconstruit vers 1750, il serait appelé pour cette raison « la nouvelle chapelle » ? Qu'on veuille bien relire les citations de Louis Gellain. L'hypothèse objectée est inconciliable avec le langage tenu par ce religieux en 1770. En effet, cette hypothèse admise, comment, après avoir gardé l'oratoire primitif intact jusque vers 1750, les Feuillants se demanderaient-ils, à trente ans d'intervalle, où était situé cet oratoire? Comment, l'ayant orné vers 1750, diraient-ils: « Nous l'avons orné après notre établissement », lorsque cet établissement remonte à 1614? Comment cette simple appellation « la chapelle actuelle de Saint-Bernard » désignerait-elle avec précision l'oratoire primitif reconstruit en F, puisque — nous l'avons établi — il y avait en A une chapelle ostensiblement dédiée à saint Bernard, chapelle à laquelle on applique nécessairement ladite appellation? Comment, enfin, ne serait-il jamais question que d'une seule chapelle de Saint-Bernard, tandis qu'il y en aurait eu deux en réalité ?

On pourrait prolonger cette réfutation, mais sans utilité. L'évidence est produite, elle est pleine. La seule conclusion à tirer, au sujet du sanctuaire F, c'est qu'il fut d'abord un simple agrandissement de l'église, trouvée, au xviii$^e$ siècle, trop petite et peut-être trop sombre ; c'est qu'ensuite, vers 1775, on en fit le sanctuaire en y érigeant le « nouveau maître-autel ». Transformation regrettable, puisqu'elle désorientait l'édifice, et ouvrait la porte aux fausses conjectures qui, de nos jours, ont égaré l'opinion. Avant 1750 et surtout au xviiᵉ siècle, à quel usage le local F était-il affecté? Rien de précis, dans les documents. Le plus probable est qu'il y avait là une chambre, peut-être deux, mais superposées. Elles durent longtemps servir, avec quelques autres, à loger les religieux. Ceux-ci étaient nombreux dans les commencements du prieuré : on trouve en 1628 neuf religieux prêtres. D'autre part, le bâtiment avec cloître, construit par les Feuillants, ne fut habitable qu'à partir de 1670. Aussi, jusque-là, dit Louis Gellain, « on se logeait comme on pouvait dans le vieux château. »

Comment l'opinion que nous venons de réfuter, s'est-elle formée? D'où lui est venu tant de crédit?

C'est dans la *Notice* de M. Girault sur la Maison natale de saint Bernard (1824), que se rencontre d'abord cette opinion. Le lieu même où naquit saint Bernard, lit-on dans cette Notice, « fut choisi pour y placer le sanctuaire de la chapelle du monastère bâti en son honneur à Fontaines (1). » M. Girault veut parler du sanctuaire F, car il a remarqué, précédemment, que ce sanctuaire était devenu un cellier depuis la Révolution, tandis qu'on avait fait des deux autres chapelles une forge et une écurie (2). Or, il est avéré que la forge était établie sous la coupole B, et l'écurie sous la coupole A (3).

---

1. *Maison natale de saint Bernard*, p. 23.

2. Ibid. p. 20. — M. Louis Girault, fils de Claude-Xavier, dit aussi dans la *Notice biographique et bibliographique* qu'il a consacrée à la mémoire de son père (Dijon, Rabutot, 1859) : « Dans l'une des chapelles royales on avait placé une forge ; l'autre servait d'écurie pour un mulet. » (p. 19, note 2).

3. On voyait encore en 1881, sur les parois de la coupole B, les taches produites par la fumée de la forge. La chapelle A, qui « servait d'écurie pour un mulet », n'était autre que la Chambre natale de saint Bernard. Bien que cet excès de profanation soit plus imputable à l'ignorance qu'à l'impiété, le fait n'en reste pas moins lamentable.

En affirmant que le sanctuaire F était la Chambre natale, M. Girault n'apporte aucune preuve. Le seul détail qui vienne à l'appui de son assertion, se trouve dans la description qu'il fait du maître-autel. « Au milieu (du baldaquin), dit-il, était une belle statue de saint Bernard en bois doré. » Mais ce détail est inexact. Nous possédons les descriptions authentiques de cet autel : celle de l'entrepreneur Daudon, qu'on a lue tout à l'heure, et celle que donnent les Feuillants dans leurs *États de situation* (1). Or, ce n'était point une statue de saint Bernard, c'était, nous venons de le rappeler, un tableau représentant l'Assomption de la Sainte Vierge, qu'il y avait sous le baldaquin. On doit reconnaître, sans doute, que, devenu acquéreur du berceau de saint Bernard, trente ans après la Révolution, M. Girault fut, mieux que personne, à même de recueillir les traditions locales. Mais ces traditions avaient-elles rien conservé de bien précis relativement à la chapelle vénérable ? Nous ne le pensons pas. Les plus âgés du pays, interrogés il y a quelques années, se souvenaient seulement d'avoir, dans leur enfance, entendu appeler l'église des Feuillants, *le lieu de naissance* de saint Bernard. Il y avait aussi une des chambres du monastère, celle de l'Infirmerie, certainement voisine de l'église, que l'on nommait vulgairement « Chambre de saint Bernard ». De là, des confusions trop faciles. Toutefois, l'erreur de M. Girault ne paraît pas provenir de l'inexactitude des souvenirs populaires. En voici plutôt l'origine. M. Girault n'avait pas présente à l'esprit la notion des celliers ou salles basses des constructions de l'époque féodale. Le cellier fut pour lui la Dépense, le magasin aux provisions (2). Trop frappé de ces expressions : le *cellier*, la *chambre*, il crut que lieu natal répondait encore, par sa forme, à

---

1. Archives de la Côte-d'Or, H, 996, layette États de situation, voir État de 1773; voir encore layette F, Conventions pour le maître-autel avec le sculpteur Duchesne.

2. *Maison natale de saint Bernard*, p. 20, 23, 32.

ces appellations vulgaires. Dès lors, la chapelle F s'harmonisait seule avec ses idées. C'était, d'ailleurs, le sanctuaire de l'église, et M. Girault regardait ce sanctuaire comme aménagé en même temps que le reste de l'édifice. Telles furent, selon nous, les raisons déterminantes de M. Girault.

Son affirmation catégorique ne souleva aucune contradiction. L'attention publique commençait à peine à se porter sur les ruines du prieuré de Fontaines. Les quelques mots que l'on trouve, dans les publications des années suivantes, concernant la Chambre natale, disent vaguement que l'église des Feuillants était bâtie sur l'emplacement de cette chambre (1). Personne alors ne songea à faire une vérification. Bien plus, en 1841, l'opinion de M. Girault reçut sa consécration officielle. C'est en cette année, que furent rendus au culte les restes de la petite église du château. Le premier autel que l'on rétablit, fut placé dans le sanctuaire F ; M. l'abbé Renault fit de ce sanctuaire une chapelle de Saint-Bernard ; et l'architecte chargé par lui de diriger les travaux de restauration, M. Caumont, composa une brochure où il donnait le sanctuaire F pour la chapelle de Saint-Bernard et la Chambre natale (2). L'affirmation était aussi positive que celle de M. Girault, mais également dépourvue de preuves. Quelqu'un alors, peut-être M. Renault lui-même, eut cependant une intuition passagère du véritable emplacement de la chapelle Saint-Bernard. Un plan de l'église des Feuillants, trouvé dans les papiers du vénérable chanoine, et qui remonte à 1840 environ, porte l'indication du vocable des deux coupoles (3).

---

1. Voir spécialement : *Vie de saint Bernard*, par M. l'abbé Foisset, Paris, Gaume frères, 1839. *Manuel de la Confrérie en l'honneur de saint Bernard établie dans l'église paroissiale de Fontaines-lès-Dijon*, Dijon, 1840.

2. *Description de la chapelle Saint-Bernard, rétablie à Fontaines en août 1841*, par M. Caumont.

3. Archives de la Maison de Saint-Bernard, à Fontaines-lès-Dijon.

Pour celle de la reine, on lit : *Chapelle de la Vierge.*
Quant à celle du roi, on avait d'abord écrit : *Chapelle de Saint-Bernard*, puis, ensuite, on a substitué au nom de saint Bernard celui de saint Louis. Ces indications, texte primitif et surcharge, paraissent écrites de la main de M. Renault. C'est bien M. Renault, du reste, qui imagina la présence d'un autel de Saint-Louis dans la chapelle de Louis XIII (1). Ainsi, cette intuition de l'emplacement réel de la chapelle de Saint-Bernard n'aurait été pour M. Renault qu'un éclair (2).

En 1855, le journal *Le Spectateur de Dijon* publia, dans son numéro du 5 juin, un sérieux article intitulé : *Note sur la chambre où naquit saint Bernard, devenue le sanctuaire de l'église des Feuillants.* Il s'agissait toujours du sanctuaire F. La même année, cette *Note* parut, avec quelques développements, dans le tome CLXXXV de la Patrologie Latine de Migne (3). L'auteur était

---

1. *Notice sur le château paternel de saint Bernard*, par M. l'abbé Renault, 1874, p. 64. Il ne paraît pas qu'un autel dédié à saint Louis ait jamais existé dans l'église des Feuillants. Aucun document ne parle d'un autel semblable, bien que la fête de saint Louis fût solennellement célébrée au monastère de Fontaines, par fondation royale de Louis XIII. (Archives de la Côte-d'Or, H, 996, layette B, n° 5). D'ailleurs, cet autel ne trouverait sa place que dans la chapelle C (voir *Planche* 3). Or, il n'y avait plus d'autel dans cette chapelle quand furent dressés les inventaires pour la vente du mobilier de l'église, les 20 août 1791 et 25 janvier 1793. Par conséquent, l'autel Saint-Louis eût dû être supprimé avant la Révolution, ce qui est inadmissible dans un monastère royal. Nous croyons plutôt que le tombeau de pierre peinte en marbre qui faisait partie de l'autel majeur, provenait de la chapelle C. Mais quel était le vocable de la chapelle C ? Cette chapelle ne renfermait-elle pas primitivement le maître-autel ? L'autel érigé là par les Feuillants, dès leur arrivée, avait-il un vocable particulier ? Aucun document ne nous a rien appris sur ces questions, qui soit entièrement décisif. Il est probable qu'avant sa translation en F, l'autel majeur était dans la chapelle C, adossé au mur du couchant, et dans la même ligne que les autels des coupoles.

2. Le laborieux investigateur auquel nous devons la connaissance de beaucoup de documents, publiés dans notre travail, M. l'abbé Merle semble avoir reconnu aussi un instant le véritable emplacement de la Chambre natale de saint Bernard. Au début de son ministère pastoral à Fontaines, il désigna la coupole de Louis XIII comme étant ce lieu vénérable à l'un de ses neveux, de qui nous tenons ce détail. Ce neveu est aujourd'hui (1891) M. l'abbé Sardin, curé-doyen de la ville d'Auxonne. Cette première opinion de M. l'abbé Merle ne s'est pas maintenue dans son esprit. Du reste, il n'a pas donné assez d'attention au vieux castel ; il n'a pas étudié non plus avec assez d'impartialité les traditions relatives à l'église de Fontaines.

3. Col. 1634-1660.

M. Ph. Guignard, conservateur de la Bibliothèque de Dijon. Ce nom recommandait l'opinion déjà partout accréditée, elle s'imposa de plus en plus, et le seul étonnement qui restât dans quelques esprits tenait à la nécessité d'admettre que les Feuillants eussent laissé sans ornement le lieu le plus vénérable de leur monastère, tandis qu'ils avaient prodigué les richesses d'un art somptueux dans les deux coupoles.

Il est juste d'observer que M. Guignard ne s'était point proposé d'étudier à nouveau la question de l'emplacement de la Chambre natale. Il avait seulement voulu réunir, dans la *Note* précitée, les documents qu'il avait recueillis sur le lieu de naissance de saint Bernard. Aucun de ces documents ne contredisait, d'une façon bien apparente, l'opinion admise au sujet de l'emplacement de la Chambre natale. Plusieurs semblaient même la favoriser, comme le texte de Dumont, par exemple. Il était donc difficile de rien conclure de neuf. En cela, d'ailleurs, M. Guignard fit comme tout le monde, et tout le monde fit comme lui. De notre temps, non seulement l'hagiographie, mais des écrits de tout genre, dans la localité ou autre part, ont touché à cette question de l'emplacement de la Chambre natale. Or, unanimement, on a placé ce lieu vénérable dans la chapelle qui formait le sanctuaire de l'église des Feuillants à l'époque de la Révolution (1).

---

1. M. l'abbé Renault, par suite même du zèle qu'il déployait pour ramener les pèlerins à Fontaines, contribua beaucoup à entretenir la fausse persuasion où l'on était touchant l'emplacement de la Chambre natale. Il fit éditer, en 1871, une lithographie contenant la vue et le plan des restes du prieuré. Il publia plusieurs brochures dont nous avons parlé précédemment. Il plaça à l'entrée du sanctuaire des marbres ornés d'inscriptions qu'il avait composées. C'était partout la propagation de l'erreur commune. Il alla plus loin, et commit la faute de faire graver ces mots: *Cubiculum natale sancti Bernardi*, sur l'archivolte de l'arcade qui met en communication le sanctuaire avec la coupole attenante. La meilleure bonne foi du monde ne pouvait légitimer cet acte, qui altérait l'intégrité du monument. Cette inscription, heureusement, vient d'être effacée dans les derniers travaux de restauration. On a enlevé aussi les marbres à raison des inexactitudes que contenaient les inscriptions que l'on y avait gravées. Aussi bien le sanctuaire, rendu à sa destination primitive, est-il redevenu une salle.

Tout récemment encore, quand fut créé le Comité de restauration du sanctuaire natal de saint Bernard, on publia une brochure (1), et on la répandit le plus possible, comme un moyen de propagande, en France et à l'étranger. Nous avons eu le principal rôle dans la rédaction de cette brochure. Nous y avons présenté et soutenu l'opinion générale. En le faisant, nous eûmes, il est vrai, quelques défiances, mais trop peu accentuées pour songer à nous inscrire en faux contre des affirmations positives et déjà anciennes. Seulement, nous le dirons en toute simplicité, c'est après avoir rédigé cette courte notice, à la prière de quelques amis, que nous nous imposâmes, spontanément, la tâche d'en vérifier l'exactitude. Nous avions l'espoir d'étayer bientôt, par de solides arguments, ce que nous venions d'affirmer sur la foi d'autrui. Au bout de quelque temps, nous fûmes complètement déçu dans notre attente. Nous dûmes reconnaître, spécialement, l'impossibilité de prouver que la chapelle située au sud des coupoles était la Chambre natale. Il devint nécessaire alors de continuer nos recherches et d'éclaircir nos doutes. Car la restauration de la Maison de Saint-Bernard, accomplie déjà pour une part considérable, allait se poursuivre incessamment : on étudiait l'avant-projet des travaux à exécuter dans la soi-disant Chambre natale (sanctuaire F). Heureusement, nos investigations persévérantes ne furent pas vaines. L'acquisition d'un manuscrit important, la découverte de plusieurs inscriptions, l'étude de différentes pièces et de quelques livres conservés dans nos Archives ou nos Bibliothèques publiques, nous procurèrent les documents nécessaires. La pleine lumière se fit pour nous ; elle se fit également pour les Missionnaires, gardiens du berceau de saint Bernard ; elle sera faite pour tous, croyons-nous, après lecture de ce travail. Le pèlerin et le touriste trouveront sûrement

---

1. *Le sanctuaire de Saint-Bernard à Fontaines-lès-Dijon*, Dijon 1884.

VUE GÉNÉRALE DE FONTAINES-LES-DIJON EN 1611.

Reproduction d'un dessin d'E. Martellange

désormais la Chambre natale : c'est la chapelle de Louis XIII, la coupole aux colonnes en marbre noir.

**Troisième question.** — L'oratoire primitif, devenu maintenant la coupole de Louis XIII, fut-il certainement établi dans le « cellier natal » ?

Cette troisième question n'est pas inopportune. Puisqu'on s'est si facilement mépris de nos jours sur l'emplacement de la Chambre natale, n'y a-t-il pas lieu de craindre qu'on ne se soit trompé de même dans le passé ? Quelles preuves avons-nous donc que l'on ait réellement érigé l'oratoire primitif dans le cellier natal mentionné en 1430 ?

Les témoignages rapportés dans la deuxième question sont formels. D'après la tradition, il y a identité entre la chapelle vulgairement appelée Chambre natale aux XVIIe et XVIIIe siècles, et le « cellier ou chambre dans laquelle fut né mondit sieur saint Bernard ». Sans doute les auteurs cités ne jouissent pas tous d'un égal crédit ; quelques-uns ne sont que des compilateurs, qui ont copié leurs devanciers. Néanmoins, ces témoignages sont assez nombreux et assez explicites pour constituer une preuve suffisante, s'ils remontaient jusqu'à l'époque de l'érection du petit oratoire, c'est-à-dire, à la fin du XVe siècle ou au commencement du XVIe. Mais la chaîne s'interrompt aux premières années du XVIIe siècle. Par conséquent les critiques exigeront quelque chose qui comble cette lacune, ils demanderont une preuve plus convaincante.

Cette preuve existe. La voici d'abord sous une forme brève et didactique, afin qu'on en saisisse mieux la valeur.

Les deux coupoles de l'église des Feuillants recouvrent l'emplacement de la « Grosse tour » de Fontaines, et en représentent les deux celliers ou salles basses.

C'est donc d'un cellier de la grosse tour qu'a été formé l'oratoire primitif, devenu ensuite la coupole de Louis XIII. Or le cellier natal appartenait à la même tour. Dès lors, n'est-on pas en droit d'affirmer l'identité de cet oratoire avec le cellier natal ? Comment admettre, en effet, que, érigeant une chapelle à saint Bernard dans l'un des deux celliers de la grosse tour, on n'ait pas choisi celui que l'on regardait comme le lieu précis de sa naissance ?

Une fois la base de ce raisonnement bien établie, une fois démontré que la grosse tour du castel était dans l'emplacement des deux coupoles, l'incertitude qui résultait de l'interruption de la chaîne des témoignages, ne pourra subsister, et la tradition du xvii$^e$ et du xviii$^e$ siècle sera pleinement confirmée.

Entrons dans les développements que réclame cette preuve.

Le castel de Fontaines est décrit, en totalité ou partie, dans plusieurs chartes du xv$^e$ siècle, la plupart déjà connues du lecteur, mais que nous sommes obligé de rappeler.

12 Janvier 1423, n. st. 1424. — La charte du partage entre Alexandre et Bernard de Marcy, contient l'énumération complète des principaux bâtiments : *Je ledit Alexandre ay et empourte pour ma part... la moitié dudit chasteaul de Fontaines, c'est à savoir la* Tour qui est dessus la Porte *dudit chasteaul, ensemble la* Petite Maison *qui est entre ladite Tour de la Porte et la Grosse Tour ; et la* Dépense *qui est emprès la Grand Saule* (grand salle) *dudit chasteaul; avec ce ladite* Grand Saule, *la* Cuisine, *la* Mareschaussée (écurie et dépendances) *joignant à la* Tour du Treul (pressoir) *qui est audit chasteaul, en laquelle Tour étant sur ledit Treul, je y ai la moitié ensemble tous les appartements appartenant à icelle moitié... Et je ledit Bernard ay et empourte pour ma part... l'autre moitié dudit chasteaul de Fontaines,*

*c'est à savoir la* Grosse Tour, *ensemble les* Places *étant emprés icelle Tour tirant jusqu'à la Tour du Treul dudit chasteaul. Item ay et empourte l'autre moitié de ladite Tour étant sur ledit Treul... Et sera commune l'entrée de la porte dudit chasteaul, au moitant* (milieu) *de laquelle, c'est à savoir au chemin, aura une borne tirant tout droit au moitant du Treul étant audit chasteaul. Et aussi sont communs entre nous le* Puits *et la* Citerne *étant audit chasteaul* (1).

Février 1429, n. st. 1430. — La charte, aujourd'hui perdue, d'un autre partage du même château entre lesdits frères de Marey et deux de leurs sœurs, contenait certainement de précieux détails dont nous avons à regretter l'absence. Chifflet ne nous a conservé que celui-ci : *Il est faict mention dans ce traicté, de la* Grosse Tour *de Fontaines, vulgairement dicte La Tour Monsieur Saint Bernard et du cellier ou chambre de la mesme tour dans laquelle fut né mondit sieur sainct Bernard* (2).

16 mars 1434, n. st. 1435. — La charte de la prise de possession d'un quart du château de Fontaines par messire Jean Rolin, évêque de Châlon, atteste que Girard Bolon, maire audit lieu, prit et donna au procureur de l'évêque *le verroul de la porte basse d'une* Grosse Tour quarrée *estans dedans ledit chastel de Fontaines, en laquelle tour, comme l'on dit, fut nez saint Bernard* (3).

18 novembre 1490. — Enfin, la charte du dénombrement d'un quart de la seigneurie de Fontaines, par Laurent Blanchard, renferme une description partielle assez détaillée. Un angle du parchemin, sur lequel est rédigée cette charte, se trouve déchiré. Nous indiquons par des crochets les solutions du texte et les remplissa-

---

1. Archiv. de la Côte-d'Or, B, 11332, Protocole n° 154 de J. Mathelie notaire, folio 91 ; et Peincedé, XXVII, p. 469-71.
2. Migne, l. c., col. 1495.
3. Archiv. de la Côte-d'Or, E, 304, Titres de la seigneurie de Fontaines, 2ᵉ fascicule.

ges vraisemblables : *Une masière [. . . .] joignant es murs et devers* (vis à vis) *le chastel de Fontaines les Dijon, au costé de la part et portion qui fut à feu Bernard de Marey, avec les* ESTABLES *estant et joignant a [. . . .] murs,* BRETOICHES ET COLOMBIER *estant dessus lesdites estables, et le meix ou soulait avoir une* MAISON ET UN TREUIL JOIGNANT LESDITES ESTABLES *ainsi comme le tout se com[porte du long et] du large et du haut en bas. Et une petite soutole et gelinier a mestre porcs et austres menues bestes estant dessous une bretoiche dudit chastel, laquelle soutole ense[mble un meix et] place vide tirant dès icelle soutoule jusques à un signe de deux croix pieça* (jadis) *faites au mur dudit chastel au costé de la* TOUR MOXIN, *tirant à un paul (pieu) qui y sou[lait être], fesant séparation dudit meix et place vide, d'une autre place qui tire à la* GROSSE TOUR *ou fut né Monsieur saint Bernard, en tirant dès iceluy pault droit à la quarre* (à l'angle) *d[udit meix] ou soulait être ledit treuil ; le tout estant de présent en ruines. Avec l'entrée dudit chastel, qui est commune entre tous les seigneurs dudit Fontaines* (1).

A ces premiers documents, nous avons la bonne fortune d'en pouvoir joindre deux autres, non moins importants pour la solution de la question posée. Ce sont deux dessins d'Etienne Martellange. Nous les reproduisons sous un format réduit, mais, pour tout le reste, avec une exactitude parfaite, car la photographie des originaux a servi de base à notre lithographe.

Etienne Martellange, né à Lyon en 1568, devint jésuite coadjuteur, et fut architecte de sa Compagnie. La *Bibliothèque de l'Ecole des Chartes* — année 1886, 1<sup>re</sup>, 2<sup>me</sup> et 3<sup>me</sup> livraisons — a publié une Notice sur sa vie et ses travaux, avec le Catalogue de ses dessins, conservés au Cabinet des Estampes de la Bibliothèque nationale (2). Au Tome I du recueil de ses dessins, il

---

1. Archiv. de la Côte-d'Or, B, 10587, cote 38.
2. Le recueil des dessins d'Etienne Martellange, précédemment attribués à François Stella, porte sur les rayons de la Bibliothèque nationale, les numéros $\frac{\text{Tb}}{9}$ et $\frac{\text{Tb}}{9^{a}}$.

Vue du Château de Fontaines-les-Dijon en 1611

s'e.1 trouve deux, fol. 74 et 75, qui sont relatifs à Fontaines-lès-Dijon. Ils datent du 21 septembre 1611. Celui du fol. 75 est une *vue générale de Fontaines*, prise d'un point situé entre ce village et celui de Talant (voir *Planche 4*). Le château, objet de notre étude, s'y dessine avec ses bâtiments intacts et ses parties en ruine. On voit spécialement au levant, du côté de l'église, la Tour d'entrée précédée d'une petite cour étroite ; en avant de cette tour, au midi, des pans de murs à demi démolis ; en arrière, au couchant, une autre tour dont la destruction est fort avancée. Le dessin du fol. 74 est une *vue du château*, comprenant en même temps l'église paroissiale. Cette vue est prise du bas de la petite esplanade qui s'étend devant le château et que l'on appelle vulgairement la Pelouse (voir *Planche 5*). La façade du castel apparaît là tout entière, ainsi que la ligne des murs d'enceinte qui se développe au nord.

Remarquons bien la relation qui existe entre ces dessins du château de Fontaines et les passages empruntés aux chartes du xv⁰ siècle. Quoique les dessins soient postérieurs aux chartes, ils représentent, à n'en pas douter, les principales constructions énumérées dans celles-ci. En effet, après Bernard de Marey, le château de Fontaines ne fut plus habité par les seigneurs du lieu, qui appartinrent, simultanément ou successivement, aux Maisons Rolin, de Rochefort, de Cléron, de Damas, etc. On n'éleva donc plus au castel aucune construction ayant quelque importance, et ce qui était en ruine acheva de s'écrouler. Ainsi doit-on conclure de là que les grands bâtiments dessinés par Martellange figuraient dans le château de Fontaines au xv⁰ siècle. Ils sont d'ailleurs, en partie, venus jusqu'à nous. Or, la Tour d'entrée atteste elle-même son âge par une arcade ogivale du xiv⁰ siècle, sinon du xiii⁰. D'autre part, le logis central, étudié dans ses derniers restes, a présenté, plus que n'importe quel autre débris du vieux château, des signes de très grande vétusté. On a même découvert, dans l'épaisseur de ses murs, une baie arquée en forme d'ogive. Enfin, argument décisif, c'est dans ce bâtiment que fut érigée la « chapelle Monsieur saint Bernard » avant l'an 1500 : cette date s'est révélée à nous, depuis l'impression des premières pages de notre travail. Il est donc juste alors d'expliquer les chartes par les dessins, et, *vice versa*, les dessins par les chartes.

Notons encore que les dessins de Martellange, qui était architecte, sont recommandés par la profession de leur auteur. Du reste, on peut juger de leur exactitude, d'après des termes de comparaison. L'église paroissiale, par exemple, est fidèlement reproduite : telle la représente Martellange, telle on la retrouve aujourd'hui pour toute la partie ancienne. Le dessin du château doit donc être tenu pour non moins exact.

Afin de compléter la série des documents nécessaires pour notre argumentation, nous avons dressé le plan des restes du château, tels qu'ils apparaissaient encore en 1881. Alors, la Maison natale de saint Bernard offrait toujours l'aspect qu'on lui voit dans la *Figure 1*. Çà et là, quelques portions de murs très anciens, ou de simples amorces, indiquaient l'emplacement et la forme des bâtiments trouvés par les Feuillants. De plus, pendant la période des travaux de 1881-1884, on a mieux examiné tous ces vestiges, on a découvert, dans le sol de l'esplanade intérieure, des traces précieuses de l'antique distribution des édifices. Ces données ont fourni la base du *Plan des restes du château de Fontaines en 1881* (voir *Figure 11*). Les hachures plus foncées désignent les vieux bâtiments. Le lecteur distingue la Tour d'entrée B, le logis des coupoles C ; entre ces deux constructions, le petit bâtiment F, transformé en chapelle vers 1750, et devenu ensuite le sanctuaire de l'église ; en avant de ce bâtiment, le vestibule T, rez de chaussée d'une ancienne tourelle (voir *Planche 5*) ; au nord du logis des coupoles, les amorces d'une tour R, en saillie sur le mur d'enceinte ; au sud de la Tour d'entrée et appuyé contre elle, une sorte de couloir terminé au levant par un étroit réduit ; puis le bâtiment H, nommé par les Feuillants la « Petite Tour », et dont la partie antérieure fut ajoutée aux constructions anciennes. Martellange représente le bâtiment H dans un état de ruine, et il y joint les restes d'une tour ou d'un ouvrage de fortification, qui faisait une forte saillie au

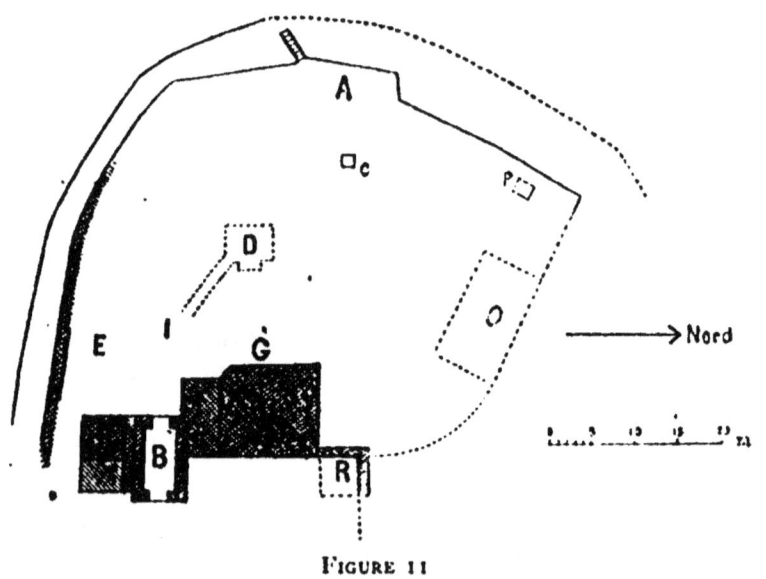

Figure 11
Plan des restes du château de Fontaines en 1881.

sud-est. Sous les Feuillants cet ouvrage a disparu sans laisser de vestige (1). E, I et D marquent des substructions et des décombres ; G, un terrain vierge.

1. Nous n'avons naturellement pas reproduit dans le *Plan des restes du château de Fontaines*, les constructions modernes élevées pour compléter les bâtiments de service ou pour développer la chapelle. Le bâtiment O, reconstruit par les Feuillants vers 1740 (Archiv. de la Côte-d'Or, H, 996, layette Etats de situation), existait déjà en 1611, puisqu'il figure dans les dessins de Martellange (voir *Planches 4* et 5). Mais nous n'avons pu y reconnaître certainement une des constructions mentionnées dans les chartes du XVe siècle. Le puits et la citerne indiqués sur le plan, sont les mêmes que ceux désignés dans la charte de 1424.

Les documents sont réunis. Il s'agit maintenant de déterminer l'emplacement de la Grosse Tour, et de voir si cet emplacement est le même que celui des coupoles, ainsi que nous l'avons affirmé.

Suivant la charte de 1424 (n. st.), afin de partager le château par moitié, on avait fait un bornage dont les limites extrêmes étaient la Tour d'entrée B et la Tour du Treuil. Cette seconde tour tenait à donc la partie occidentale des murs d'enceinte, et devait se trouver en A (voir *Figure 11*). En effet, la ligne divisionnaire partant de la Tour d'entrée passait au nord du bâtiment D, relié avec d'autres en I et en E, et se dirigeait ainsi vers le point A. C'est en ce même endroit que Martellange figure une tour en ruine (voir *Planche 4*). D'après la charte de 1490, la tour du Treuil occupait à peu près le centre des constructions adossées à la muraille du couchant, indication qui ramène au même point. Tel était donc l'emplacement de la Tour du Treuil.

Par conséquent, en tirant une ligne de B en A, on doit avoir, toujours suivant la charte de 1424, d'un côté la Grand'salle, la Dépense, la Cuisine, la Maréchaussée ; de l'autre, la Petite-Maison et la Grosse Tour, avoisinée de places vides. Mais de quel côté se trouvait la Grosse Tour ? A droite ou à gauche de la Tour d'entrée ? Les chartes ne l'expliquent point. Or il n'y a que deux hypothèses possibles. Ou bien C est la Grosse Tour, et E l'emplacement de la Grand'salle. Ou bien, réciproquement, C est la Grand'salle et E l'emplacement de la Grosse Tour. La première hypothèse répond parfaitement : 1° aux termes des chartes, 2° aux données fournies par Martellange, 3° aux caractères du bâtiment des coupoles, 4° aux indications du plan représenté *Figure 11*, 5° aux principes de la construction des châteaux-forts.— Il faut dire le contraire de la seconde hypothèse. La conclusion dès lors est facile à tirer : C, le bâtiment des coupoles, est bien réellement l'ancienne Grosse Tour.

Mais nous devons établir nos prémisses. Avant tout,

nous prierons le lecteur de ne point oublier que cette expression « Grosse Tour » signifie autre chose que ce qu'on entend par une simple tour. Ce nom désigne le donjon, le logis seigneurial. « Les plus anciens donjons, dit Viollet-le Duc, ne sont guère que de *grosses tours* voisines de l'un des fronts du château féodal (1). » Le savant architecte revient plusieurs fois sur cette observation, toujours pour la confirmer, et il déclare que, jusqu'au XIII° siècle, les donjons consistaient généralement « en un *gros logis quadrangulaire*, divisé à chaque étage en deux salles (2) ». Il fallait bien, d'ailleurs, que la Grosse Tour de Fontaines eût quelque importance, puisqu'elle constituait à elle seule toute une part du château divisé par moitié.

Cette observation faite, venons aux détails.

Admis la première hypothèse, on explique sans difficulté les chartes, spécialement celle de 1424. F représente bien « la Petite Maison entre la Tour de la porte et la Grosse Tour. » C la Grosse Tour, « quarrée », est avoisinée de « Places » vides ; car G est un sol entièrement vierge, et avant l'arrivée des Feuillants, aucune construction ne prolongeait le bâtiment C du côté du nord. Située en E, la Grand'salle est, suivant l'usage, exposée au midi et dans le meilleur site pour la vue. Près de cette salle, I donne un emplacement favorable pour la Dépense ; ce magasin peut prendre un certain développement ; il se complète d'une communication avec la cave D, sur laquelle devait s'élever la Cuisine. On a trouvé, en effet, sous l'esplanade intérieure, le couloir contournant et voûté qui introduisait dans cette cave et la reliait avec I. Ainsi, selon les indications expresses ou tacites de la charte, la Dépense est « emprès

---

1. *Diction. de l'Architecture française du XI° au XVI° siècle*, par Viollet-le-Duc, T. IX, p. 125.

2. Ibid. p. 130.

la Grand'salle » et à proximité de la Tour d'entrée, sans cependant faire corps avec elle-ci.

Prenons maintenant la seconde hypothèse. Les rôles sont intervertis : C serait la Grand'salle, E l'emplacement de la Grosse Tour. Alors H devient la Petite-Maison. Pas de difficulté. Mais, ensuite, où trouver les « Places » vides qui avoisinaient la Grosse Tour et constituaient avec cet unique bâtiment toute une moitié du château ? Les décombres et substructions I et D indiquent plusieurs constructions formant un groupe avec E. Ce groupe est tout entier d'un côté de la ligne de partage. Evidemment, des constructions recouvrant l'espace E I D ne sauraient répondre à cette simple désignation: « la Grosse Tour quarrée », lors même que cette tour aurait des annexes. Surtout, comment voir la Grand' salle dans le bâtiment C, logis carré à quadruple étage, divisé par un mur de refend ? On sait que la Grand' salle était plutôt un long parallélogramme comprenant deux grandes pièces superposées : la salle basse pour les gens, les familiers ; la salle haute pour le maître et les siens. Parfois même, dans les châteaux anciens, dans les petits châteaux, il n'y avait qu'une pièce. Que reste-t-il pour la Dépense ? Le local F, étroit, sans cave, mal exposé, offre-t-il aucun caractère de ces magasins spacieux que l'on avait coutume de construire près des salles ? Sa situation répond-elle à la désignation du lieu de la Dépense : « qui est emprès la Grand'salle » ? Ne répond-elle pas mieux à l'indication donnée pour la Petite-Maison : « qui est entre la Tour de la porte et la Grosse Tour » ?

C'est ainsi que les données réunies des chartes, des dessins de Martellange, du plan des restes du château, font voir la Grosse Tour dans le bâtiment C.

Ce bâtiment — chose très remarquable — a tou~ les caractères des petits donjons des $xi^e$ ou $xii^e$ siècles : plan carré ou rectangulaire — peu d'élévation — sur un rez

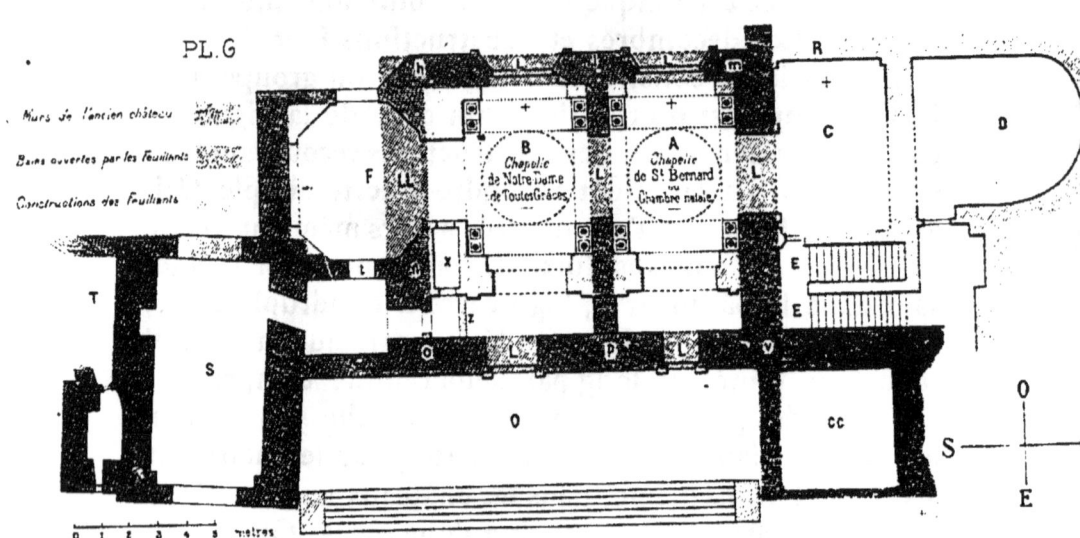

PLAN DE L'ÉGLISE DES FEUILLANTS
Indiquant l'époque des diverses constructions

de chaussée fortement encaissé trois étages seulement — division de chaque étage en deux salles par un mur de refend, sauf celui des combles. On ne peut guère hésiter à reconnaître la présence de ces différents caractères. Les étages se comptent aisément dans le dessin de Martellange (voir *Planche 5*). Le rez de chaussée, occupé par les salles basses ou celliers, n'a, comme d'ordinaire, pas de jours sur l'extérieur. Un double rang de fenêtres, puis un grand louvre au milieu de la toiture, révèlent l'existence de trois étages au dessus du rez de chaussée. Le mur de refend qui sépare les deux coupoles (voir *Planche 3*), n'est pas l'œuvre des Feuillants. Cette division est ancienne. Elle se continuait dans les deux premiers étages : la disposition des fenêtres en est un indice assez clair.

Enfin, bien que le castel de Fontaines n'ait jamais été qu'une forteresse d'importance secondaire, il dut être néanmoins construit suivant les principes de défense : l'époque à laquelle il remonte, suffit pour l'affirmer. Or, d'après ces principes, la Grosse Tour ou Donjon se conçoit très bien en C, situation la mieux choisie pour commander tout l'intérieur et en même temps les dehors du côté attaquable. Placée en E, elle ne commanderait qu'imparfaitement l'enceinte et presque aucunement les dehors.

Si l'on veut poursuivre ce minutieux examen, on aboutira toujours au même résultat. Il y a donc bien lieu de croire que le bâtiment des coupoles était la vieille Tour Monsieur saint Bernard. Ç'a été, sans nul doute, la conviction des Feuillants. Ils ont orné ce bâtiment tout entier avec un soin, une richesse, qui témoignent du prix qu'ils y attachaient. Ils ont, d'ailleurs, gravé l'expression de leur pensée, sur des pierres ou des marbres décoratifs, incrustés dans ces vieux murs objets de leur vénération : **Quo tecto nascitur** *Mariæ cithara*

*Bernardus..* — *Ad S. Mariam citharistæ sui* **Bernardi lares** *munifice honestantem...* Ces mots sont extraits des inscriptions appartenant à la coupole d'Anne d'Autriche. Ainsi, comme « la très sainte et très recommandable chapelle » de Saint-Bernard, la chapelle attenante dédiée à N.-D. de Toutes Grâces, faisait partie de l'antique donjon de Tescelin. Tel est le sens de ces textes.

Au surplus, voici le mot pleinement décisif, fruit de nos dernières investigations. D'après un terrier de 1499 (Archiv. de la Côte-d'Or, E. 129, f. 10), Othenin de Cléron possédait au château de Fontaines un *quart par devers le midy*, savoir : *une maison couverte de lasve et plusieurs autres meix et maisières*; François Rolin en avait la moitié, et Laurent Blanchard, l'autre quart. Or, la part de L. Blanchard était au couchant. Celle de F. Rolin comprenait donc le centre et le nord. Ainsi la Grosse Tour, acquêt de la maison Rolin, était nécessairement le bâtiment C. Suivant le même document, les seigneurs possédaient en commun *les prisons et seps* (entraves) *estans au fond de la Tour auprès de la* CHAPPELLE ESTANS DESSOUBS LA GROSSE TOUR. Ainsi, non moins nécessairement, les prisons étaient dans la Tour R, et l'oratoire primitif ou Chambre natale, dans le cellier voisin A (voir *Planche 6*).

La moindre hésitation est donc impossible : les deux coupoles sont dans l'emplacement de la Grosse Tour, et il faut admettre l'identité de l'oratoire primitif ou chapelle actuelle de Saint-Bernard avec le « cellier natal. »

§ 3. — *Description de la Chambre natale*

Avant de donner la description de la Chambre natale ou chapelle Saint-Bernard, jetons un dernier coup d'œil d'ensemble sur l'église des Feuillants. Grâce aux solutions et aux éclaircissements qui précèdent, on se rend mieux compte de l'édifice tout entier, de son plan, de ses divisions, des aménagements successifs, enfin de l'époque des différentes constructions (voir *Planche 6*).

En arrivant à Fontaines, les Feuillants trouvèrent donc la chapelle Saint-Bernard en A, dans la salle basse septentrionale du gros logis *o n h l m v p*. Cette chapelle n'avait reçu encore aucun embellissement, et la forme qu'elle présentait alors, est exactement dessinée par le rectangle *p l m v*. Elle n'avait d'ouvertures que sur l'intérieur du château : le dessin de Martellange le prouve (voir *Planche 5*). Comment cet étroit sanctuaire aurait-il suffi pour une maison religieuse ? Il y eut nécessité de l'agrandir. Cette résolution arrêtée, rien de plus juste que de renfermer dans l'église du prieuré tout le rez de chaussée de la Tour Monsieur saint Bernard. Le vieux donjon n'était-il pas, à proprement parler, cette *Domus paterna et natalitia* (1) qui rappelait le mieux le souvenir du grand saint? On conçoit dès lors les réflexions des Feuillants, on assiste à leurs projets, et l'on en suit pas à pas l'exécution. En même temps qu'ils élèvent des bâtiments neufs, C, D, EE, ils percent dans les vieux murs différentes baies : portes, fenêtres, arcades de communication ; ils posent un clocher, CC, sur une tour de flanquement. Nous indiquons ces baies qui sont l'œuvre des religieux, par la lettre L et des hachures d'un ton moyen. Bientôt les Lettres Patentes de Louis XIII classent le monastère de Fontaines parmi les maisons de fondation royale. On entreprend la construction des deux coupoles. Celle du roi décore la chapelle Saint-Bernard ; celle de la reine orne la chapelle attenante B, que l'on dédie à N.-D. de Toutes Grâces. La chapelle B formait d'abord le rectangle *o h l p*, puisque la porte s'ouvre dans l'axe de ce rectangle. Pour avoir deux coupoles de mêmes dimensions, on restreint la largeur de cette chapelle, en élevant de gros piliers contre le mur *o n h*. Un couloir est ménagé dans le pilier X, probablement parce qu'un petit mur, en z, soutenait la retombée de la voûte du vestibule.

---

1. DEO OPT. MAX. *et* Sᵗ BERNARDO *pro nova basilicæ Fontanensis instauratione sacrum.*

Si l'on considère l'état du castel de Fontaines après tous ces travaux, on est frappé d'une chose : les Feuillants n'avaient pas modifié, d'une manière essentielle, les anciens bâtiments. Pour la Tour Monsieur saint Bernard, en particulier, sa forme extérieure était restée la même, sauf quelques ornements rapportés. A l'intérieur, la construction des deux coupoles avait nécessité la fusion du premier étage avec les salles basses, mais on avait maintenu le plan rectangulaire de ces salles, et l'on avait conservé le mur de refend qui les séparait. Le mur méridional *o n h* était lui-même demeuré intact : la baie marquée LL ne fut ouverte, en effet, que pour l'aménagement de la chapelle F, au xviii° siècle. Ainsi, en suivant le goût de leur époque, en adaptant le style de la Renaissance à d'antiques édifices, les Feuillants gardèrent une discrétion qui fait leur éloge. Ils le durent, sans doute, au respect religieux que leur inspirait le berceau de saint Bernard, respect qui a dicté ces lignes à Dom Jean de Saint-Malachie, chargé par sa congrégation d'élever le monastère de Fontaines : *Sed interim, ô Beatissime Pater* (Bernarde), *viliori ex filiis tuis, cui hucusque hujuscemodi operis sicut et tuæ domesticæ familiæ (etsi ex toto impari) cura demandata est, parce si minus ferventer, reverenter aut sollicite quod tuum adeo specialissimum honorem spectat, tractaverit* (1).

L'importance des chapelles jumelles A et B n'échappe à personne. La part qu'elles représentaient dans l'édifice entier, leur architecture plus riche, les souvenirs évoqués par leur emplacement, tout concentrait sur elles l'attention des religieux et des pèlerins. A elles seules, elles constituaient, pour ainsi dire, toute l'église du prieuré. Louis Gellain dit dans son *Inventaire*, en 1770 : « Les deux coupoles qui forment actuellement notre église (2) ». Notre principal but, dans le présent para-

---

1. *DEO OPT. MAX.* etc.
2. *Inventaire des archives du mon. roy. de S.-Bernard*, p. 12.

graphe, est de décrire la chapelle Saint-Bernard ou Chambre natale ; mais nous ne pouvons omettre de décrire en même temps la chapelle de Notre-Dame de Toutes Grâces, à raison des rapports étroits et multiples qui lient ces deux chapelles l'une à l'autre. Nous donnons la coupe transversale de la chapelle Saint-Bernard (1), à l'aide de laquelle on peut se faire une idée de l'ensemble (voir *Planche 7*).

En avant des chapelles, sur l'emplacement du perron O, il existe aujourd'hui un portique avec fronton, orné de colonnes et de pilastres d'ordre dorique. Après avoir traversé ce porche, puis une petite galerie qui remplace les anciens vestibules, on est sous les coupoles de 1619. Ces gracieux édicules ne se sentent presque plus des outrages qu'ils avaient subis. On y a replacé des colonnes en marbre ; on a rétabli les moulures et les sculptures ; la restauration s'est faite avec soin (2). Seulement, à l'époque des premiers travaux, 1881-1884, l'importance que l'on attachait encore au sanctuaire F, fit perdre de vue le plan de 1619, et occasionna la démolition des deux murs qui terminaient les chapelles au couchant. On regardait alors, en effet, ces chapelles comme deux travées aboutissant au sanctuaire. Dans ces conditions, voulant élargir l'édifice, on le développa sur toute la ligne occidentale, d'abord par une sacristie appuyée contre le sanctuaire, puis par un renfoncement destiné à recevoir les petits autels. Cet aménagement nouveau a enlevé aux chapelles jumelles quelque chose de ce fini qu'elles avaient auparavant. A part cette diffé-

---

1. Ce dessin est dû à l'obligeance de M. Pierre Degré, architecte, à Dijon, qui nous a prêté son gracieux concours pour la partie lithographique de notre travail.
2. Nous avons déjà nommé l'habile architecte chargé de cette restauration, M. Selmersheim, architecte du gouvernement, Paris, 31, rue de Moscou. Les sculptures sont l'œuvre de M. Creusot, Dijon, rue de Longvic. Nous devons à l'obligeance de M. Creusot le dessin de notre *Planche 8*.

rence, on les retrouve telles que l'art du xvii<sup>e</sup> siècle les avait faites.

Ces chapelles sont sur plan carré ou plutôt barlong. Elles mesurent chacune, en longueur, un peu plus de six mètres ; en largeur, un peu plus de quatre.

Des colonnes géminées, d'ordre corinthien, ornent les quatre angles de chaque parallélogramme, et soutiennent les coupoles. Dans la chapelle Saint-Bernard, les colonnes sont en marbre noir avec bases et chapiteaux en marbre blanc. Dans la chapelle de la Sainte-Vierge, elles sont en griotte de Flandre, également avec bases et chapiteaux en marbre blanc, excepté quatre chapiteaux en albâtre. Les piédestaux et les entablements sont en pierre. Les entablements se distinguent par un travail très riche et comprenant tous les ornements de l'ordre corinthien : ainsi les moulures des architraves et des corniches sont taillées de rais de cœur, de perles, d'oves, de denticules, de modillons et de rosaces entre les modillons. Mais de plus, les frises présentent, sculptés en relief, au milieu d'un rang de fleurs de lis, les chiffres royaux surmontés de la couronne et enlacés de branches de laurier. Le chiffre de Louis XIII, on s'en souvient, figure dans la chapelle Saint-Bernard, et celui d'Anne d'Autriche, dans la chapelle de N.-D. de Toutes Grâces. Dans chacun des entre-colonnements sont taillés ou sculptés sur le parement du mur, deux cadres oblongs, avec un troisième, de forme ovale, au milieu.

Chaque coupole se compose d'abord des pendentifs d'un premier sphéroïde pénétré par deux voûtes en berceau, qui se coupent à angle droit. Ces voûtes prennent naissance sur les entablements des colonnes. Elles se noient dans les murs ou s'appuient contre eux, au-dessus d'arcs et d'arcades en plein cintre, dont les voussures sont semées de fleurs de lis, et les clefs, ornées des chiffres royaux. Les deux arcades qui s'ouvrent sur la chapelle Saint-Bernard, dans les lignes *l p*, *m v* (voir *Planche 6*), ne sont pas produites, comme on pourrait le croire, par

COUPE TRANSVERSALE de la CHAPELLE St BERNARD.

de simples arcs-doubleaux bandés d'un pilier à l'autre, en 1619. Mais il y eut là, auparavant, des murs pleins, où l'on perça des baies.

A la section horizontale du sphéroïde se trouve un entablement circulaire complet. La frise présente un rang de fleurs de lis, quatre fois interrompu par un autre ornement, à des intervalles égaux. Cet ornement est le chiffre de Louis XIII, dans la chapelle Saint-Bernard ; une tête d'ange aux ailes déployées, dans la chapelle de la Sainte-Vierge. La corniche n'offre pas de denticule, mais, entre les modillons, des rosaces d'un dessin très varié.

Enfin cet entablement porte une calotte formée d'un segment de sphère, dont la décoration figure la couronne royale. Dans le bas, un bandeau, émaillé de perles et de pierres fines entremêlées de rosaces, est fleuronné de fleurs de lis et de trèfles. Huit rampants, chargés de palmettes bordées d'un rang de perles, viennent converger au sommet de la coupole et recevoir une large clef armoriée.

La clef de voûte de la chapelle Saint-Bernard mérite une description. Nous en donnons le dessin (voir *Planche 8*). Le choix de certaines pièces exprime, comme d'autres particularités du monument, l'intention qui fit transformer l'oratoire primitif en une chapelle votive décorée au nom de Louis XIII.

Au centre de la clef, un écusson, surmonté de la couronne royale fleuronnée de fleurs de lis, porte en chef les deux écus de France et de Navarre accolés, et en pointe, l'L royale, enlacée de deux branches de lauriers. Cet écusson est entouré du cordon de Saint-Michel et de celui du Saint-Esprit. Dans le deuxième cordon, l'L de Louis XIII remplace l'H de Henri III. Le tout est enveloppé d'un cartouche à enroulements découpés, qui enserrent à droite et à gauche des dauphins. Au-dessus du cartouche est une tête d'ange aux ailes déployées, et au-dessus de la tête d'ange elle-même, une tête de lion en mascaron, d'où pend la dépouille en forme de lambrequin avec les griffes, qui semblent étreindre les dauphins.

La clef de voûte de la chapelle de N.-D. de Toutes Grâces est une pièce moins curieuse. Elle consiste dans un écu parti de France et d'Espagne, surmonté de la couronne royale fleuronnée de fleurs de lis, entouré d'une cordelière, et posé sur une sorte de grand mascaron de composition médiocre, en forme de manteau royal doublé d'hermine.

Dans la chapelle Saint-Bernard, l'écusson de Louis XIII a le chef tourné vers l'autel et la pointe vers la porte. Dans l'autre chapelle, l'écusson d'Anne d'Autriche est placé en sens inverse.

Le mur, maintenant démoli, qui faisait le fond des chapelles, était percé de fenêtres en demi-lune.

Du côté opposé, le mur, resté intact ou fidèlement restauré, présente, en saillie, deux petites tribunes portées par des corbeaux très ouvragés. L'arcade, au-dessous des tribunes, est en anse de panier (1).

De l'aveu de tous, ces petites chapelles sont charmantes. Les formes variées de l'ensemble des voûtes, l'harmonieuse combinaison du plein cintre et de l'anse de panier, la régularité de l'appareil des voussoirs en pierre dure polie, la pureté des profils, ces marbres, ces sculptures, cette décoration riche mais sobre, une grâce qui n'exclut pas la grandeur, si ce dernier mot est juste en parlant d'une église en miniature : tout se réunit pour plaire à l'observateur attentif (2).

---

1. La porte, que la *Planche 7* représente sous cette arcade, à l'arrière plan, est dessinée dans la forme où lui avaient donnée les Feuillants. Cette forme a été modifiée dans la restauration de 1881-1884.

2. Ce beau travail, comme l'a remarqué M. Caumont, rappelle celui de l'hôtel de Vogüé, situé derrière l'église Notre-Dame, à Dijon, et bâti en 1614. On voit, en particulier, dans la cour de cet hôtel, un portique, dont la décoration comprend des branches de laurier sculptées. Ces branches de laurier sont tellement du même type qu'à Fontaines, le galbe des feuilles est tellement semblable, qu'on est tenté d'attribuer le double travail aux mêmes ouvriers. *Description de la chapelle Saint-Bernard*, par M. Caumont.

CLEF DE VOUTE

DE LA CHAPELLE S! BERNARD

Malgré tous les détails que renferme déjà cette description, il faut en ajouter d'autres encore. Les omettre serait mériter un reproche.

La plupart des marbres : fûts de colonnes, bases, chapiteaux, que l'on a replacés sous les coupoles, sont les anciens marbres arrachés pendant la Révolution. Vendus à des particuliers (1), le 21 mars 1793, ils entrèrent ensuite dans le mobilier de l'église Saint-Bénigne de Dijon. Ils sont en effet portés, en majeure partie, sur un inventaire de ce mobilier (2) dressé au mois de janvier 1804. Les colonnes en marbre de Flandre avec bases et chapiteaux en bois doré qui avaient fait partie du maître-autel de l'église des Feuillants, décoraient alors, à Saint-Bénigne, l'autel du Saint-Sacrement, érigé dans l'abside du collatéral nord. Vers le milieu du siècle, un tombeau avec retable du style ogival remplaça ce premier autel du style de la Renaissance, et celui-ci fut acquis pour l'église d'Echalot, village du canton d'Aignay-le-Duc, où il forme actuellement l'autel majeur.

Quant aux colonnes provenant des coupoles, l'inventaire de janvier 1804 en mentionne douze avec leurs bases et leurs chapiteaux en marbre. Quatre de ces colonnes, bases et chapiteaux compris, ornaient l'autel de la Sainte-Vierge, placé dans l'abside du collatéral du midi. Elles portaient un baldaquin. C'était le baldaquin du maître-autel des Feuillants, entré, lui aussi, dans le mobilier de l'église Saint-Bénigne, mais dont les colonnes avaient été changées. Les huit autres colonnes étaient déposées sous la tour du collatéral nord, près des « fonts baptismaux formés d'une piscine en marbre noir ». On les destinait « à élever autour de la piscine une coupole ». Les soubassements de cet édicule étaient déjà posés. « Les bases et les chapiteaux des huit colonnes

---

1. Archiv. de la Côte-d'Or, Q 2, Liasse 34, cote 20.
2. Archiv. de l'église cathédrale Saint-Bénigne de Dijon, registre des délibérations de la Fabrique, 1792-1804.

se trouvaient alors dans le vestibule de la sacristie ». Le petit monument projeté fut-il abandonné, ou bien achevé puis démoli plus tard? Nous l'ignorons. Ce qui est certain, c'est que les colonnes disparurent un jour de l'église Saint-Bénigne et que les bases et les chapiteaux y restèrent seuls, entassés dans quelque annexe de l'édifice.

En 1868, l'autel de la Sainte-Vierge, comme naguère celui du Saint-Sacrement, fut remplacé par un autel nouveau. Les colonnes qui soutenaient le baldaquin furent donc descendues, et leurs fûts, enlevés. On put voir alors sur le plat des bases, des inscriptions d'où il résultait que ces marbres provenaient bien du monastère de Fontaines. On se souvint des huit chapiteaux et des huit bases encore conservés, mais demeurés sans emploi. Les bases examinées présentèrent des inscriptions analogues aux précédentes. Il y avait donc encore là de vraies épaves de l'église des Feuillants. Cette découverte fit l'objet d'une note lue devant la Commission des Antiquités de la Côte-d'Or et rédigée par un de ses membres, M. Paul Foisset (1).

L'année suivante, 1869, la Fabrique de l'église Saint-Bénigne restitua généreusement tous ces marbres à la Maison de Saint-Bernard.

Actuellement les quatre colonnes griotte de Flandre sont rétablies, à Fontaines, dans la chapelle de la Sainte-Vierge. Les chapiteaux et les bases sont également remis en place. Il a été facile pour dix de ces dernières, de rendre à chaque coupole celles qui lui revenaient. Ces dix bases, en effet, portent des inscriptions, et les textes gravés fournissent les indications nécessaires pour une classification exacte.

Les inscriptions sont intactes ou faciles à restituer dans leurs lacunes. M. Paul Foisset les releva, en 1868,

---

1. *Mémoires de la Commission des Antiquités de la Côte-d'Or*, T. VII, p. CXV-CXVIII.

et la Commission des Antiquités de la Côte-d'Or les a publiées dans ses *Mémoires* (1). Nous avons vérifié et complété cette première lecture.

Nous donnons d'abord les inscriptions relatives à la chapelle de la Sainte-Vierge. Elles sont clairement spécifiées par les abréviations O. G. D. (*Omnium Gratiarum Dominæ*) et par le nom de la reine.

DATE. IESV
MERITIS. SACRÆ
VIRGINIS.MARIÆ.O.G.D.
ET. CITHARISTÆ. EIVS
D. BERNARDI. ANNA
AVSTRIACHA. GALLIÆ
REGINA. AVGVSTA
REGIA. PROLE. CVM
REGE. GLORIE-
TVR

DATE ✠ IESV
MERITIS. SACRÆ
VIRGINIS. MARIÆ. O
G. D. ET. CITHARISTÆ
EIVS. D. BERNARDI
A. AVSTRIACA. GALLIÆ
REGINA. AVGVSTA
FIDE.FVLGEAT
1626

1. Ibid. l. c.

DANTE . IESV
MERITIS . SACRÆ
VIRGINIS.MARIÆ.O.G.
D . ET . CITHARISTÆ . EIVS
D . BERNARDI . ANNA
AVSTRIA[CHA . GALL]IÆ
RE[GINA . AVGVSTA
SPE . GAVDE]AT
1626

DATE . IESV
MERITIS . SACRÆ
VIRGINIS . MARIÆ . O . G
D. ET . CITHARISTÆ . EIVS
D . BERNARDI . ANNA
AVSTRIACA . GALLIÆ
REGINA . AVGVSTA
CARITATE . FER-
VEAT

[DANTE . IESV
MERITIS. SACRÆ
VIRGINIS.MARIÆ.O.G.
D. ET. CITHARISTÆ. EIVS]
D . [BERNARDI . ANNA]
AV[STRIACHA . GALLIÆ]
REGINA . AVGVSTA
PRVDENTIA.[V]IGEAT
1626

DANTE ✟ IESV
MERITIS . SACRÆ
VIRGINIS.MARIÆ.O.G.
D. ET. CITHARISTÆ . EIVS
D . BERNARDI . ANNA
AVSTRIACH[A] . GALLIÆ
REGINA . AVGVSTA
TEMPERANTIA
EMINEAT


DĀTE ✟ IESV
MERITIS . SACRÆ
VIRGINIS. MARIÆ.O.G.
D. ET. CITHARISTÆ . EIVS
D . BERNARDI . ANNA
AVSTRIACHA . GALLIÆ
REGINA.AVGVSTA
FORTITVDINE
SVPERET


La huitième inscription fait défaut. Elle était évidemment semblable aux précédentes, et devait renfermer le nom de la vertu de justice. Est-ce pendant la Révolution que la huitième base s'est perdue? Les Feuillants ne l'avaient-ils pas remplacée avant cette époque par une autre sans inscription? Nous ne savons qu'une chose, c'est que les religieux touchèrent aux colonnes de la coupole de la reine (1) un peu après 1770.

1. *Inventaire des archiv. du mon. roy. de S. Bernard*, p. 55.

Le sens de ces inscriptions n'a pas besoin d'être expliqué. La première exprime un vœu pour la naissance d'un Dauphin ; les autres, une prière sollicitant pour la reine les vertus théologales et les vertus cardinales.

Voici maintenant les inscriptions relatives à la chapelle Saint-Bernard. Elles se réduisent à deux :

☩
GLORIA
LAVS.ET.HONOR
IESV . MARIÆ . BERNAR-
DO . REGIS . REGINÆ
REGNIQVE . VOTIS . AD-
SIT . ORĀTE . BERNARO
REGIA . PROLES
1626

☩
GLORIA
LAVS. ET.HONOR
IESV . MARIÆ . BERNAR-
DO . REGI . ET . PATRI-
Æ . SALVS . PLVRIMA
REGIA . PROLES . ET
PAX
1626

La seconde inscription est identiquement gravée sur deux bases (1).

---

1 Nous ne possédons plus aucune autre inscription qui ait rapport à la petite église du château. Celles que D. Jean de Saint-Malachie a publiées dans son opuscule *DEO OPT*. etc, et qui sont reproduites *Ménol. de Cîteaux*, 20 août; Migne, l. c., col.,1647-1652, appartenaient à la grande église, qui fut démolie avant d'être achevée.

A raison de la parfaite symétrie observée dans les deux chapelles jumelles, on peut croire que, dans l'une comme dans l'autre, les bases des colonnes portaient toutes des inscriptions. Ainsi, cette deuxième série reste fort incomplète. On voit néanmoins quel était le vœu principal qui s'y trouvait formulé. C'était d'obtenir, par l'intercession de saint Bernard, la naissance d'un Dauphin.

Les marbres de Saint-Bénigne ne sont pas les seules épaves de l'église des Feuillants qui aient été rendues à leur destination première. Le musée archéologique de Dijon possédait quatre fûts de colonnes, sans bases ni chapiteaux, mais reproduisant le module exact des bases trouvées à Saint-Bénigne. Deux de ces quatre colonnes étaient en marbre noir de Dinan; les deux autres, en griotte de Flandre. Persuadée que ces marbres provenaient de l'église des Feuillants, la Commission des Antiquités en a fait don à la Maison de Saint-Bernard, au commencement de l'année 1885. Les deux colonnes en marbre noir offraient un indice assez clair de leur origine. En effet, sur moitié de leur conférence et particulièrement dans la partie inférieure, on voyait une infinité de noms gravés à la pointe du couteau et accompagnés de dates, qui s'étendaient du milieu du xvii$^e$ siècle à la Révolution. La même remarque avait été faite au sujet des bases que leurs inscriptions assignaient à la coupole de Louis XIII. Ces deux colonnes ont donc repris leur place dans la coupole du roi, et les deux autres, dans la coupole de la reine.

C'est ainsi que, dans la dernière restauration de la chapelle Saint-Bernard et de la chapelle de N.-D. de Toutes Grâces, on a pu réintégrer à leur ancienne place une partie des marbres qui avaient primitivement servi à la décoration de ces oratoires.

En terminant ce paragraphe, on aimerait à décrire la salle qui régnait au-dessus des coupoles. Ainsi connaîtrait-on d'une façon complète l'état de la Tour Monsieur saint Bernard sous les Feuillants. Mais le seul document que l'on ait sur cette salle, démolie en 1793, consiste dans le passage suivant de l'*Inventaire* de Nogaret. « Le grenier sur l'église est beau, bien plafonné, décoré d'un blason des Ducs de Bourgogne, avec corniche et frise décorée en triglyphe et entre les triglyphes des fleurs de lys ; à chaque bout, il y a deux caissons dont les plâtres sont tombés, et les bois m'ont paru pourris ; le pavé est en cadettes bien taillées et placées en compartiments ; il est aussi propre que s'il venait d'être fait ; les croisées et la porte sont en vétusté. » Nous l'avons déjà fait remarquer, Nogaret se trompe en parlant d'un blason des Ducs de Bourgogne. Les Feuillants ne purent avoir l'idée de placer ce blason dans leur monastère. D'autre part, ce n'est point avant leur arrivée qu'on aurait sculpté au castel de Fontaines les armoiries des Ducs, puisque, au témoignage de Jean de Saint-Malachie, ceux-ci ne songèrent jamais à orner le berceau de saint Bernard (1). Enfin, on a récemment découvert un écusson de Louis XIII parmi des décombres restées sur les voûtes de la coupole du roi. Or, d'où peut provenir un écusson trouvé à cette place, sinon de la salle décrite par Nogaret ? Nous pensons donc que c'est là le blason pris pour celui des Ducs. Nous en donnons le dessin (voir *Figure 12*), afin d'offrir un specimen du travail décoratif exécuté dans l'étage supérieur du vieux donjon. On reconnaît bien là les armes de Louis XIII, les écus de France et de Navarre accolés, et l'L royale posée, cette fois, sur deux palmes, au lieu de deux branches de laurier. Le cordon du Saint-Esprit ne porte aucun chiffre.

---

1. Dans l'épilogue de son opuscule *DEO OPT. MAX.*, etc. Jean de St-Malachie dit, s'adressant au roi: *Gaude tu, magne Rex, quia, ut locus tantæ celebritatis tibi servaretur illustrandus eo quo est cœptum tuo nomine ornatu, oportuit **magnorum Ducum** et aliorum teneri oculos, ne in lumine lumen tam splendidi loci viderent, quo sibi opus tanti meriti et laudis adscriberent.*

FIGURE 12

Ecusson provenant de la salle située au-dessus des coupoles.

.•.

Le lecteur qui aura parcouru cette étude sur la Chambre natale de saint Bernard, connaît donc la nature de ce lieu vénéré, son emplacement exact, son histoire ; il a, sur ces divers points, des documents complets, trop complets, penseront peut-être quelques-uns. Ce sujet demandait-il en effet qu'on s'y arrêtât si longtemps ? L'objection s'est présentée à nous. Voici la réponse : Toujours les berceaux, comme les tombes, eurent le don d'exciter l'intérêt. Ces deux stations extrêmes d'une existence humaine la reflètent tout entière. Elles ont quelque chose de sacré. Pour les tombes, cela se conçoit : elles gardent la cendre, prête à se ranimer un jour, de ceux que l'on admire ou que l'on aime. Mais les berceaux ne sont pas dépourvus d'un semblable attrait. Nul ne méconnaît l'étroite affinité qui se forme entre un homme et le sol qui l'a vu naître. Et quand cet homme est, comme l'illustre abbé de Clairvaux, un grand saint; quand sa Maison paternelle et sa Chambre natale sont devenues un sanctuaire, l'attrait s'accroît de tout ce qu'y ajoute la religion. Ainsi les sentiments qui attachent au berceau de saint Bernard, justifient déjà l'importance donnée à cette étude. Observons, en outre, que la question présentait plusieurs points obscurs. Or, pour réussir à dissiper toutes les ombres et à produire la lumière pleine, il était besoin de se livrer aux plus minutieuses recherches. D'ailleurs, les vrais archéologues se plaindraient plutôt de la pénurie que de l'abondance des documents. — Mais une autre objection s'est dressée encore devant nous. La conclusion pratique de notre travail étant la destitution du sanctuaire qui avait usurpé le titre de Chambre natale, n'allons-nous pas changer l'axe de l'église des Feuillants et en achever la mutilation? Cette église, répondrons-nous, a une double ordonnance, suivant qu'on l'envisage restreinte à son plan primitif, ou avec les regrettables agrandissements qu'elle a reçus. Serait-ce donc vraiment changer l'axe, n'est-ce pas plutôt le rétablir, que de rendre à l'édifice son plan primitif? Est-ce mutiler un monument, n'est-ce pas, au contraire, le restaurer avec intelligence, que de le dégager d'une superfétation qui tend à en troubler toute l'économie ?

# APPENDICE

### ESSAI DE RESTITUTION DU CHATEAU DE FONTAINES AU XVe SIÈCLE

On a vu, dans la *Troisième question* du § 2, plusieurs documents curieux sur les divers bâtiments dont se composait le château de Fontaines, au xve siècle. En y joignant quelques détails empruntés aux titres de la Chambre des comptes et à ceux du prieuré des Feuillants, en se basant, de plus, sur les dessins de Martellange et sur le plan donné *Figure 11*, il a été assez facile de dresser l'essai de restitution qui fait l'objet de cet appendice. Une œuvre de ce genre renferme nécessairement, sur un point ou sur un autre, quelque chose de contestable. Aussi avons-nous tenu à la présenter en dehors des *Notes historiques et archéologiques* qui précèdent. Le lecteur en est donc dûment averti, la *Planche 10* ne reproduit pas un dessin ancien, elle propose une élaboration qui nous est toute personnelle, et qui peut inspirer à d'autres l'idée de tenter une restitution meilleure et plus savante.

Pourquoi cet essai? S'il ne s'était agi que de satisfaire un sentiment de curiosité, nous ne l'aurions pas entrepris. Mais il y avait ici à réfuter. Nous avons loué, et tout le monde doit louer avec nous M. l'abbé Renault, d'avoir contribué à la conservation du sanctuaire de Saint-Bernard et de l'avoir rouvert aux pèlerins. Il est une chose toutefois qu'on ne peut dissimuler. Dans ses publications sur la Maison de Saint-Bernard, le zélé chanoine s'est généralement mépris. La *Notice* parue en 1874 contient une longue « esquisse de la forme et de la distribution » du château de Fontaines (1). Cette restitution s'éloigne tout à fait de la réalité. Elle a pour point de départ une mauvaise interprétation du dessin d'E-

---

1. *Notice sur le château paternel de saint Bernard*, par M. l'abbé Renault, 1874, p. 21 et suiv.

douard Bredin, dessin qui ne fournit pas, d'ailleurs, une base solide, car les édifices y sont mal configurés (1). On sait comment les conjectures les moins plausibles sont souvent prises pour des faits certains. Il n'est donc pas inutile de donner du château de Fontaines une idée plus exacte.

Le château de Fontaines avait une double enceinte.

La première consistait en une ligne de fossés, dont il ne reste plus aucune trace apparente. Les documents écrits indiquent seuls son parcours (2).

Les Feuillants trouvèrent encore les fossés, en grande partie, du moins, mais ils se mirent à les combler. A l'ouest, cette ligne était creusée au bas de l'escarpement. En tournant au midi, elle coupait l'angle occidental du petit côteau appelé la Muscandée (voir *Planche 9*); puis, se dirigeant au sud-est, elle longeait le sentier de la Cotote, montait la rampe, atteignait la Pelouse, et passait vers la pointe du cimetière, qui entoure l'église paroissiale. De là, traversant le bas de la Pelouse, elle pénétrait dans le clos actuel, attenant au château. Ensuite, après avoir décrit, au nord, un circuit difficile à déterminer, elle descendait la pente, au couchant, suivait le pied de la colline, et regagnait l'angle de la Muscandée d'où nous sommes partis (3).

Au milieu de cette première enceinte fossoyée, sur le haut plateau de la colline, s'élevait le château. Des murailles l'environnaient, formant la seconde enceinte (voir *Planche 10*).

---

1. Le dessin ou *Vray pourtraict de la ville de Dijon*, par Édouard Bredin, date de 1574. Courtépée l'a reproduit dans sa *Description du duché de Bourgogne*. M. l'abbé Renault, p. 54 de sa notice, en donne la partie comprenant Fontaines, Daix et Talant. Il y joint une légende fautive, où l'église de Daix est prise pour celle de Fontaines. — Dans la *Vie de saint Bernard* du Dr Lépine, on voit, p. 76, la « reproduction d'un vitrail provenant de l'église de Fontaines » et représentant saint Bernard ainsi que son château paternel. On ne saurait trouver là un élément bien utile pour un sérieux essai de restitution.

2. Le 15 mars 1588, dénombrement de la terre et seigneurie de Fontaines fut donné par Guillaume de Damas. « Audit sieur de Damas, lit-on dans ce document, appartient, à cause de ladite seigneurie de Fontaines, le chastel, maison forte et pourpris d'icelluy *fossoyé tout à l'entour*, assis près de l'église dudit lieu. » Archives de la Côte-d'Or, E, 304.

3. Pour la justification de ces détails, voir : Archives de la Côte-d'Or H. 996; Maison de Saint-Bernard, *Inventaire des Archives du mon. roy. de Saint-Bernard*.

ETAT DU CHÂTEAU DE FONTAINES LES DIJON
& LIEUX ADJACENTS, VERS 1850

Le périmètre en est indiqué par la configuration même de l'assiette supérieure du plateau. Un seul côté pouvait paraître indécis, celui du nord-est. Mais ici un dessin de Martellange (voir *Planche 5*) supplée au défaut de renseignements topographiques certains. Les murs devaient être garnis de merlons et percés de trous pour le hourdage, car, au commencement du xiv° siècle, le duc de Bourgogne avait permis de créneler le château de Fontaines (1). Toutefois, on le devine, ici rien qui ne fût fort simple, rien qui ressemblât au formidable appareil des grands châteaux.

Pour avoir l'explication des bâtiments représentés dans la *Planche 10*, il faut consulter les extraits des chartes du xv° siècle, qu'on a lus plus haut, ainsi que les deux dessins de Martellange (*Planches 4 et 5*).

En partant du nord-est pour venir au sud, on voit, en saillie sur le mur d'enceinte, une tour de flanquement, qui renfermait la prison du château en l'an 1500. Elle est donnée par Martellange. Les Feuillants la choisirent pour en faire la base de leur clocher. Attenant de cette tour et en saillie sur la cour intérieure, paraît ensuite la « Grosse Tour ou Tour Monsieur saint Bernard. » On saisit la distribution de ce logis : les celliers sont indiqués par de petites fenêtres à rase-terre; les étages supérieurs et celui des combles, par les autres fenêtres et le louvre de la toiture. La « Petite Maison » se reconnaît aisément. Adossée à la Grosse Tour, elle s'appuie d'un autre côté contre la tourelle de l'escalier et de la guette. Elle remplit l'intervalle entre la Grosse Tour et la Tour de la Porte ». Celle-ci se dessine, également distincte, en avant de tout le groupe qui vient d'être décrit, groupe qui se complète, au sud-est, par la « Petite Tour », sorte d'annexe reliant les bâtiments du levant avec ceux du midi, et enfin par une seconde tour flanquante, garnie de hourds. (2)

La restitution de toute cette première partie du château

---

1. Migne, l. c., col. 1502. — Archives de la Côte-d'Or, B. 10492, cote 45, et Peincedé VII, 8.
2. La Petite Tour est mentionnée par les Feuillants. Martellange la figure par des lignes indécises et comme déjà en ruine. Il indique plus clairement les restes de la tour flanquante. Les hourds de cette tour flanquante sont représentés pour faire juger, par un détail, de l'aspect que devait offrir le castel mis sur pied de défense.

est certaine. Elle a, en effet, pour base, les chartes, les dessins anciens, les restes mêmes, visibles encore en 1881, des vieilles bâtisses conservées par les Feuillants.

Pour se faire une idée de la partie du sud, il n'y avait pas d'autre ressource que les chartes et quelques substructions dans l'esplanade intérieure du castel. Il faut donc, ici, n'attacher aucune importance à la forme des bâtiments. Leur emplacement seul doit être remarqué. On distingue la « Grand salle », appuyée au mur d'enceinte, et largement ajourée pour jouir de la vue et du soleil. Contre cette salle, du côté de la tour d'entrée, se trouvent les magasins désignés sous le nom de « Dépense ». Un couloir contournant surmonte la galerie souterraine que l'on a découverte, et relie le tout à la « Cuisine » (voir *Figure 11*). Cette dernière construction est isolée, suivant l'ancien usage, et nous avons cru devoir la placer sur la cave où aboutit la galerie du sous-sol. Les indications des chartes permettent, d'ailleurs, cette distribution.

Reste la partie du couchant. Nous ferons à son sujet les mêmes réserves que tout à l'heure, sauf que Martellange fournit cependant ici une donnée. Le principal bâtiment de ce groupe représente la « Tour du Treuil ». Cette tour occupait certainement, à peu de chose près, la place qui lui est assignée. On sait que, de chaque côté, s'étageaient d'autres bâtiments appelés « Maréchaussée, étables, bretèches, colombier, soutole, gelinier ». Nous avons voulu les représenter également.

Une troisième tour de flanquement s'élève à l'angle septentrional de l'enceinte. La charte de 1490 signale, en effet, dans cette direction, la « Tour Monin ». Au commencement du xvii<sup>e</sup> siècle, il y avait, un peu plus à droite, appliquée au mur d'enceinte, une construction O, qui paraît dans le plan donné *Figure 11*, et dans les dessins de Martellange. Cette construction ne nous a pas semblé répondre aux indications topographiques contenues dans la charte de 1490, relativement à la Tour Monin. Nous avons donc soupçonné l'existence d'une troisième tour de flanquement, demandée, d'ailleurs, par les principes de défense, au point d'intersection des deux murs. Il n'y a pas d'escarpement, au nord-est

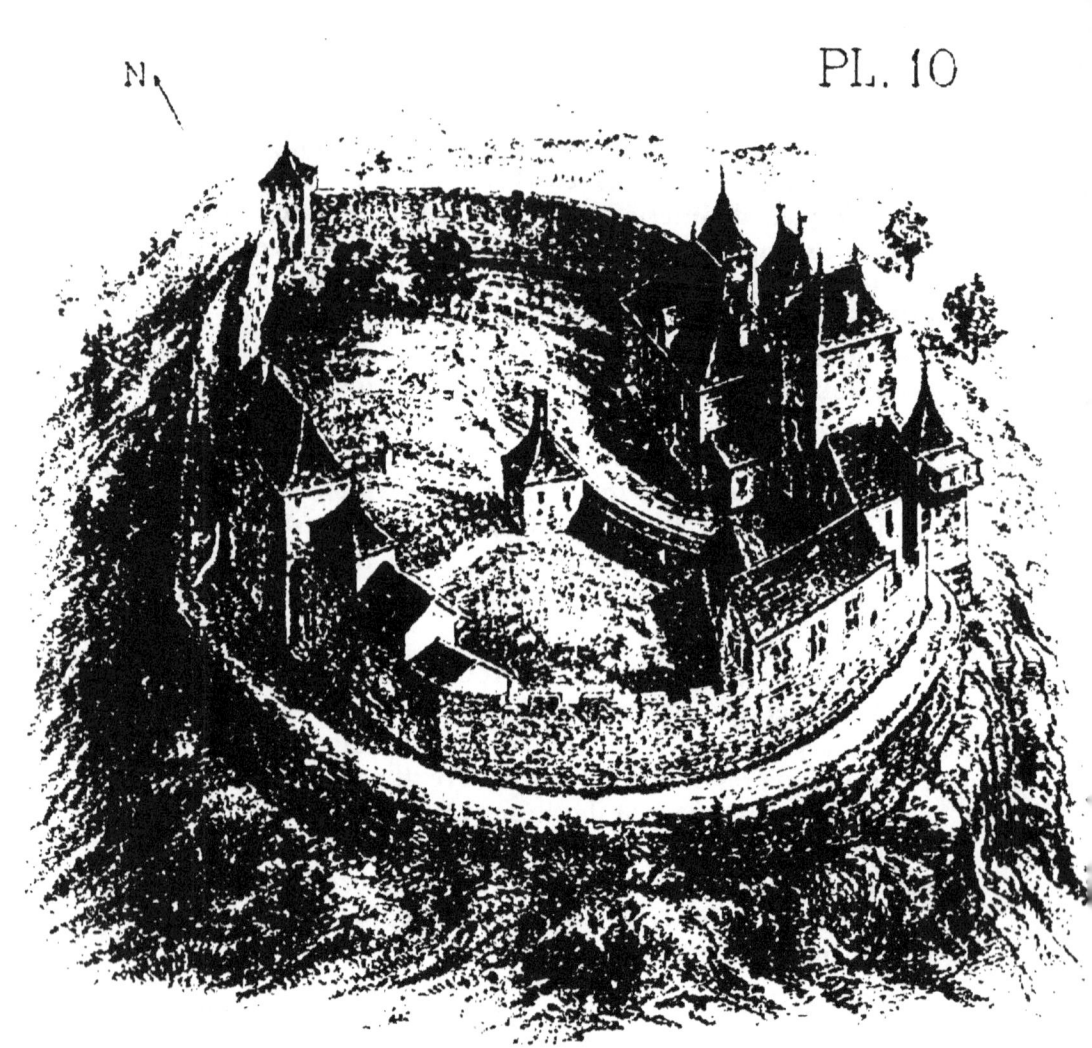

ESSAI DE RESTITUTION DU
CHÂTEAU DE FONTAINES AU XVᵐᵉ SIÈCLE

du château, comme au couchant et au midi, et toute la ligne où figurent les trois tours flanquantes, exigeait une protection plus sûre.

Le bâtiment O peut dater seulement du xvi° siècle, et avoir été construit pour remplacer quelqu'un de ceux du midi et du couchant, tombés tous en ruine à cette époque.

Veut-on que l'on précise ce qui remontait au temps de saint Bernard, parmi tous ces bâtiments existants au xv° siècle ? Prenez, dirons-nous, le dessin authentique de Martellange (*Planche 5*). Cette façade de 1611 est la même que celle du xv° siècle. Or, considérez le bâtiment central, d'aspect vieillot, trapu, très simple, renforcé d'annexes moins anciennes que lui. C'est l'un des rares types du donjon français primitif. On en peut placer la construction vers la fin du xi° siècle.

Malgré la part qui reste à l'hypothèse dans la description qu'on vient de lire, on reconnaîtra, espérons-nous, qu'il y là les lignes principales du château de Fontaines. C'est uniquement avec les données dont nous avons eu l'avantage de disposer, qu'un sérieux essai de restitution pouvait être tenté. C'est en revenant sur ces données et en les étudiant de plus près encore, qu'on pourra substituer un vrai dessin à l'ébauche offerte dans cet appendice.

# DERNIÈRE NOTE

### SUR

# LA CHAMBRE NATALE

———>†<———

A la fin du deuxième paragraphe de cette étude, nous avons cité un document trop tard connu de nous pour avoir pu être utilisé d'une manière complète. Il est bon, par conséquent, d'y revenir. La pièce, conservée aux Archives de la Côte-d'Or, est classée parmi les titres de famille de la Maison Bouhier (1). Elle est intitulée: « Terrier ou Rentier des drois de seignorie et justice de la terre et seignorie de Fontaines les Dijon, appartenant à noble seigneur Othenin de Cléron, escuier, seigneur dudit Cléron, de Saffres et dudit Fontaines en partie; commancé à faire audit lieu de Fontaines le XXVIIᵉ jour du mois de avril après Pasques-Charnels l'an mil cinq cens ». Ce Terrier fut rédigé par les notaires Guillaume Donay de Dijon, Jean Favet dudit Fontaines et Christophe Binet de Vendenesse en Auxois. Les mandements en vertu desquels il fut exécuté, sont datés de mars et d'avril 1499 (a. st.).

On lit dans la déclaration faite en présence des notaires:

*Premièrement, que mondit seigneur de Cléron a le quart en tout le chastel et maison fort dudit Fontaines les Dijon, tant en maisons comme en maisières; et est pour sa part et portion dicellui chastel pour* SONDIT QUART, PAR DEVERS LE MIDY : AUQUEL QUART A UNE MAISON COUVERTE DE LASVE ET PLUSIEURS AUTRES MEIX ET MAISIÈRES. *Et du surplus s'en rapportent* (les experts ou prudhommes choisis pour la circonstance) *aux partaiges faits au temps passé par les prédécesseurs des tenements des seigneurs à présent dudit Fontaines, à savoir noble et puissant seigneur messire François Rolin, chevalier, seigneur de Beauchamp et dudit Fontaines pour la moitié, et noble homme maistre Laurent Blanchard, seigneur dudit lieu pour ung quart, et mondit seigneur de Cléron pour ung autre quart.*

*Et quant aux entrées et issues dicellui chastel de Fontaines, ont dit et rapporté lesdits esleus proudhommes à nous lesdits commissaires que ils et chacung d'eulx ont vehu et sceu lesdites entrées estre communes entre lesdits seigneurs; et du surplus s'en rapportent es lettres desdits partaiges;*

---

1. Archiv. de la Côte-d'Or, E, 129; voir fol. 10.

AVEC LES PRISONS ET SEPS (entraves) ESTANS AUDIT CHASTEL AU FONDS DE LA TOUR AU PRÈS DE LA CHAPPELLE ESTANS DESSOUBS LA GROSSE TOUR.

Rapproché des chartes du XV° siècle, des témoignages de la tradition, des plans et dessins que nous avons donnés, ce document permet de tirer les conclusions suivantes avec une certitude absolue.

1° La Grosse Tour du château de Fontaines était dans l'emplacement des deux coupoles.

En effet, l'an 1500, François Rolin possédait la moitié du château ; Othenin de Cléron et Laurent Blanchard en avaient un quart chacun. La Grosse Tour était à François Rolin. Car la Maison Rolin l'avait acquise dès 1435 (Charte du 16 mars 1434). Et, d'ailleurs, cette tour ne figure ni dans la portion d'Othenin de Cléron (Terrier de l'an 1500), ni dans celle de Laurent Blanchard (Charte de 1490). Or il est facile de déterminer où était située la part de chaque seigneur. Le lecteur voudra bien consulter la *Figure 11*. Le quart appartenant à Othenin de Cléron, étant « par devers le midy », comprenait donc E I et peut-être D et H. Celui de Laurent Blanchard, qui consistait dans la Tour du Treuil et les bâtiments adjacents, occupait, au couchant, A et les places voisines (Relire nos raisonnements sur la charte de janvier 1423). Reste alors pour François Rolin la façade du levant, c'est-à-dire, au moins les constructions B F T et C. Mais parmi ces constructions quelle était la Grosse Tour ? Indubitablement, c'était le bâtiment C, le logis des coupoles actuelles, tandis que F était « la Petite Maison entre la Tour de la Porte et la Grosse Tour ». Tout l'indique.

2° L'oratoire primitif ou chapelle Monsieur saint Bernard fut érigé à la fin du XV° siècle.

La date du Terrier en est la preuve formelle.

3° Le même oratoire fut érigé dans le cellier septentrional de la Grosse Tour, soit dans le cellier A (voir *Planches 3 et 6*).

En effet, le Terrier atteste que la Chapelle était « dessoubs la Grosse Tour ». C'est dire clairement qu'elle était formée d'un cellier. Le Terrier ajoute que la chapelle était avoisinée d'une tour renfermant la prison. Or il est évident qu'il s'agit de la tour R (voir *Figure 11*). L'on ne peut placer la prison ni en F, ni en T : F est la Petite Maison ; T est la tourelle de l'escalier et de la guette, et répondrait mal à cette simple désignation : « la tour auprès de la chapelle », tandis que R y répond parfaitement. L'oratoire primitif était donc dans le cellier voisin de la tour R, il était dans dans le cellier septentrional de la Grosse Tour, en A (voir *Planches 3 et 6*), où déjà tout nous l'a fait reconnaître.

4° L'oratoire primitif fut formé du cellier ou chambre natale mentionné en 1430.

C'est un corollaire de ce fait que ledit oratoire occupait un cellier de la Grosse Tour. Comment, en effet, redirons-nous ici, comment eût-on érigé une chapelle à saint Bernard dans l'un des deux celliers de la Grosse Tour, sans choisir celui que l'on vénérait comme le lieu précis de sa naissance ? Comment élever un doute à cet égard, puisque la chapelle fut établie à la fin du xv° siècle, alors que le cellier natal était l'objet de l'attention publique ? Il faut donc accepter la tradition qui atteste l'identité de l'oratoire primitif de saint Bernard avec le cellier natal rappelé en 1430. Nous étions arrivé à cette conclusion par de longs raisonnements; le Terrier de l'an 1500 y conduit plus vite.

5° La Chambre natale est exactement dans le lieu que nous avons désigné. C'est la coupole septentrionale, la chapelle décorée du chiffre et des armes de Louis XIII, et ornée de colonnes en marbre noir.

Cette cinquième conclusion ressort d'elle-même après les précédentes.

6° L'essai de restitution du château publié dans l'*Appendice* trouve un nouvel appui dans le Terrier de l'an 1500.

Il est facile de s'en rendre compte.

\* \*

M. Guignard, conservateur de la Bibliothèque de Dijon, ayant lu notre travail, le trouve absolument concluant. En venant nous faire part de ce jugement, dont nous sommes justement flatté, il nous a communiqué un document curieux sur la Chambre natale.

Le P. Conrad, jeune cistercien allemand, chassé de son abbaye, pendant la guerre de Trente ans, voyagea en France. Il arriva à Dijon, en 1634, la veille de la Pentecôte ; il alla visiter le monastère de Fontaines. « Les religieux, dit-il, sont occupés à bâtir. Ils n'ont encore qu'une petite église, formée de la Chambre où naquit S. Bernard. Là, *trois autels seulement ; celui du milieu s'élève à l'endroit où se trouvait le lit sur lequel S. Bernard vint au monde*, et la naissance du saint est joliment peinte sur la table de l'autel (*Altartafel*) (1) ».

Ce témoignage est d'accord avec tous les autres documents. Le lecteur rectifiera lui-même ce qu'il contient de moins précis ou d'un peu exagéré. Il est fort clair, d'après cela, que la Chambre natale est en A. Car, en 1634, les trois chapelles de la petite église étaient en A, en B et en C.

---

1. *Itinerarium ou Petit Livre de voyage du P. Conrad Burger*, publié par le D' J. Alzog. — *Freiburger Diocesan-Archiv*, Fribourg-en-Brisgau, 1870, 5ᵐᵉ vol. p. 247 et suiv.

.·.

En décrivant la Chambre natale, nous n'avons pu satisfaire le vœu de plus d'un lecteur désireux de connaître la forme antique du « cellier où naquit saint Bernard ». On ne peut guère ajouter à ce qui a été dit. La dimension la plus facile à préciser est la largeur, qui n'a pas été modifiée : elle mesure un peu plus de quatre mètres (voir *Planche 6*). La longueur dépasse huit mètres ; mais, autrefois comme aujourd'hui, un couloir pouvait être pris sur cette dimension, du côté du levant. Le sol actuel est à peu près au même niveau que l'ancien, car, en creusant, on rencontre bientôt la marne rocheuse qui porte les premières assises des fondations. On l'a remarqué, les celliers ou chambres du sous-sol de la Grosse Tour formaient le dernier étage inférieur, et il n'existait point de cave proprement dite dans ce logis (1). Quelle était l'élévation du cellier natal ? On peut l'évaluer à un peu plus de trois mètres. Le terre-plein de l'esplanade intérieure qui, primitivement, venait butter la Grosse Tour, est assez élevé. Afin que les chambres du sous-sol fussent ajourées, on avait dû leur donner une hauteur à peu près égale au niveau du terre-plein. Le petit donjon de Fontaines était-il voûté ? Cela est peu probable ; mais les étages étaient plutôt séparés par des planchers de charpente engagés dans la bâtisse ou portés sur des corbelets intérieurs. Le plancher des celliers ne dépassait pas la corniche de l'entablement qui est maintenant au-dessus des colonnes (voir *Planche 7*).

1. La cave de l'ancien château était en D (voir *Figure 11*). Madame veuve Girault ayant découvert cette cave par suite de l'effondrement d'une partie de la voûte, elle essaya de la rendre à sa destination, et fit ouvrir une porte dans le mur du côté du levant. Cette porte, toute moderne, ne saurait égarer l'observateur : l'ancienne issue était à l'angle méridional, comme l'indique la *Figure 11*. La cave D est actuellement une citerne.

## III

### L'ENFANCE ET LA JEUNESSE DE SAINT BERNARD

L'histoire du château de Fontaines commence avec celle de saint Bernard. Tescelin le Saure, père du saint abbé, est le premier seigneur de ce lieu que l'on connaisse : avant lui, nulle mention du castel de Fontaines dans aucun document. Une grande obscurité couvre les origines du preux chevalier. Les événements qui signalèrent son existence, les détails de sa vie domestique, se dérobent généralement aux recherches de l'investigateur. L'enfance et la jeunesse de saint Bernard et de ses frères ont laissé elles-mêmes peu de souvenirs. Ainsi la page la plus attrayante de l'histoire du château de Fontaines ne sera jamais qu'une page bien courte. Essayons cependant de coordonner les documents qui peuvent aider à l'écrire.

Touchant les origines de la ligne paternelle de saint Bernard, la seule dont nous ayons à parler, on ne peut rien affirmer qui soit bien explicite. Les anciennes biographies et les vieilles chartes disent peu, les traditions sont tardives et disent trop. Un des meilleurs éléments pour élucider la question, ce serait la connaissance des domaines de Tescelin, de ses résidences, de sa parenté. Or, sur ce triple objet, les données historiques sont fort rares.

On a vite parcouru la série des domaines de Tescelin qui sont mentionnés dans les chartes ou les écrits des auteurs. Il était seigneur de Fontaines, *Fontanensis oppidi dominus* (1), et l'on ignore si d'autres partageaient ce titre avec lui. Il possédait une prairie, *pratum domni Tecelini Sauri* (2), sur les bords de la Brenne, entre Courcelles et Benoisey, au milieu des fiefs des seigneurs dits de Grignon, de Rougemont, de Frolois, de la Roche, d'Epiry, etc. (3). Il avait à Châtillon-sur-Seine une maison (4), ce que l'on appellerait aujourd'hui un hôtel. Et l'on ne peut plus rien ajouter.

Outre sa résidence seigneuriale de Fontaines, Tescelin en avait donc une autre à Châtillon. Il faisait partie de la première noblesse de ce *castrum*, important et célèbre, où la suzeraineté appartenait à l'évêque de Langres et au duc de Bourgogne. Parmi les nobles, les chevaliers, qui avaient là un domicile, un centre de famille, des droits féodaux, il faut compter, avec Tescelin le Saure, Renier de Duesme, sénéchal du duc; Jobert le Roux I de la Ferté-sur-Aube, sénéchal du comte de Champagne et vicomte de Dijon; Hugues-Godefroi; Aymon le Roux; Gauthier de la Roche, connétable; Renier de la Roche, frère de Gauthier; Evrard de Bouix; Barthélemy de Bar; Godefroi de Molesme; Tescelin de Polisy; Calon de Grancey et son fils Hugues le sénéchal (5). Nous n'achevons pas la liste. Les deux

---

1. Migne, l. c., col. 536.
2. Ibid. col. 1463.
3. Ibid.
4. Ibid. col. 525.
5. Il suffit de jeter les yeux sur quelques chartes des abbayes de Châtillon ou du voisinage pour rencontrer tous ces noms. Voir spécialement, Arch. de la Côte-d'Or, Cartulaire de Molesme. — M. E. Petit a édité un très grand nombre de ces chartes, dans son *Hist. des Ducs de Bourgogne*, Dijon, Darantière, 1885-1891.

premiers étaient frères (1). Ils sont généralement désignés dans les chartes sous le nom « de Châtillon » : *Rainerius de Castellione, Gosbertus Rufus de Castellione* (2). Le même nom est donné à leurs fils (3). Hugues-Godefroi paraît être frère de Renier et de Jobert (4). Il est également dit de Châtillon, ainsi qu'Aymon le Roux (5) et plusieurs autres chevaliers que notre liste ne mentionne pas. D'où venait à ces seigneurs une telle qualification ? Il suffit, pour l'expliquer, qu'ils aient appartenu à Châtillon, par le domicile, la naissance, les ancêtres ou quelque participation à la seigneurie. Mais ne descenderaient-ils point d'une ancienne maison comtale du Lassois ? On ne possède aucun document spécial sur cette question.

Le père et la mère de Tescelin ne sont pas connus. Tout ce que l'on sait à leur sujet, se déduit d'un texte fort bref de la chronique d'Albéric de Trois-Fontaines (6).

1. Archiv. de la Côte-d'Or. Cartul. de Molesme, I, p. 72-73.
2. E. Petit, I, p. 419, 500. Cartul. de Molesme, I, p. 27. En cet endroit le Cartul. de Molesme porte : *Gosbertus rufus de Castellione*; ailleurs on lit seulement : *Gosbertus de Castellione*. Mais c'est un même personnage, et son identité avec Jobert le Roux de La Ferté, vicomte de Dijon, est certaine. Voir *Hist. des Comtes de Champagne* par d'Arbois de Jubainville, II, p. 158; *Hist. des Ducs de Bourgogne*, par E. Petit, I, p. 422-425, II, p. 450.
3. E. Petit, II, p. 246.
4. Ibid. I, p. 419; Cartul. de Molesme, I, p. 70.
5. Cartul. de Molesme, I, p. 58.
6. *Mon. SS.* T. XXIII, p. 818. Migne, l. c., col. 1305. — Plusieurs donnent pour mère à Tescelin, Eve de Grancey ou de Châtillon. Quelles sont les bases sur lesquelles on appuie cette conjecture ? Le roman généalogique connu sous le nom de Chronique de Grancey (voir liv. III, nᵒˢ XXVII et XXVIII); l'Inventaire, fort inexact, des Titres de la Maison de Cléron, dressé par F. de la Place (Migne, l. c., col. 1485); une tradition du château de Grancey, ainsi rappelée par Chifflet : *In castro Granceiano superest antiquæ structuræ cubiculum sancti Bernardi vulgo dictum, quia in eo ipse excipiebatur quoties ad cognatos suos Granceyanos dynastas divertebat.* OPUSCULA QUATUOR, p. 171. Ces bases sont assurément peu solides. Mais, sans parler d'Eve de Grancey, personnage incertain, il y a peut-être un indice de parenté entre la Maison de Grancey et Tescelin, dans l'intervention de celui-ci comme témoin des comtes de Saulx. En 1110, Ligiarde, avec son fils Eble, confirma la donation des terres sur lesquelles avait été fondé le prieuré de Chevigny-Sainte-Foy, donation faite par son mari Gui de Grancey, comte de Saulx. Les témoins de Ligiarde et d'Eble sont ainsi désignés dans la charte : *Signum Tescelini Sauri, Rotberti, Alberici et filii ejus Jamberti, Galteri de Fontanis* (D. Plancher, II, preuves, p. 1). Voir aussi *Notice sur le prieuré de Chevigny-Sainte-Foy et les origines de la Maison de Saulx*, par M. d'Arbaumont, *Mém. de l'Acad. de Dijon.* T. V, 1878-79.

Des deux époux, résulte-t-il de ce texte, le mari mourut le premier, et sa veuve épousa Foulques d'Aigremont, qui était veuf lui-même. Ce second mariage donna à Tescelin le Saure des frères utérins, appelés « d'Aigremont, de Colombey ». On ne lui en connaît point qui soient nés du premier mariage. Des liens de consanguinité l'unissaient à plusieurs des chevaliers châtillonnais dont nous avons cité les noms. En effet, saint Bernard, d'après ses premiers biographes, avait pour parent Jobert le Roux de la Ferté, ainsi que le frère de Gauthier et de Renier de la Roche, Godefroi, évêque de Langres. Ce lien de famille est plus qu'une simple affinité, à raison de ces expressions: en parlant de Jobert, *secundum carnem propinquus* (1), *cognatus viri Dei secundum carnem* (2); en parlant de Godefroi, *sancti viri propinquus sanguine* (3), *secundum carnem propinquus* (4). Ajoutons que la mère de sainte Asceline est dite dans la Chronique de Clairvaux : *B. Bernardi et episcopi Godefridi consanguinea, de Villa juxta Firmitatem super Albam procreata* (5). D'ailleurs, que l'on parcoure les cartulaires de N.-D. de Châtillon, de Molesme, de Clairvaux, de Longuay, de Fontenay, d'Auberive, il sera facile d'entrevoir, dans les environs de Châtillon, mais principalement dans les vallées de la Seine, de l'Aube et de l'Ource, une nombreuse parenté commune à saint Bernard, à l'évêque Godefroi, à Jobert de la Ferté et à Renier, son frère. Cela dénote qu'il y avait là différents rameaux d'une même souche. Or, comment l'abbé de Clairvaux se rattachait-il à cette

---

1. *Vita 1ª*, Migne, l. c., col. 252, B. *Vita 2ª*, Ibid. col. 489, D.
2. Ms. *Cod. Parisiensis*, 9742, p. 344 ; *Der heilige Bernhard von Clairvaux*, par le Dʳ Hüffer, p. 57.
3. *Vita 1ª*, Migne, l. c., col. 253, C. *Vita 2ª*, Ibid. col. 489, B.
4. *Vita 2ª*, Ibid. col. 469, B.
5. Ibid. col. 1250, C. — Asceline, religieuse de l'abbaye de Boulancourt, est appelée Bienheureuse dans le *Ménol. de Cîteaux* (18 mai), et Sainte dans le *Journal des Saints de l'Ordre de Cîteaux*, p. 252. On peut lire sa vie, ainsi que celle de tous les proches parents de saint Bernard, dans l'ouvrage de M. l'abbé Jobin, intitulé : *Saint Bernard et sa Famille*. Voir aussi *Acta SS.* 23 août.

souche châtillonnaise? N'est-ce point par Tescelin de Châtillon, *indigena Castellionis,* plutôt que par Aleth de Montbard?

Bernard d'Epiry avait épousé une parente de saint Bernard, mais rien n'explique positivement à quelle ligne appartenait cette parente (1).

Du peu que l'on sait concernant les domaines, résidences et parenté de Tescelin, rapprochons maintenant ce que disent de ses origines les premiers biographes et les traditions locales.

Celles-ci ne se révèlent qu'à partir de la fin du xv<sup>e</sup> siècle. Elles déclarent Tescelin issu des « comtes de Châtillon ». La table généalogique connue sous le nom de Charte de Fontenay le fait naître de « *Verricus de Laignes,* comte de Châtillon » (2). Selon Guillaume Paradin, Fontaines-lès-Dijon est un domaine des seigneurs châtillonnais, et c'est « de la maison des comtes de Châtillon » que descend saint Bernard (3). Saint-Julien de Baleure ne s'exprime pas différemment (4). Le P. Legrand, au xvii<sup>e</sup> siècle, s'est fait l'écho des mêmes

---

1. Bernard d'Epiry devait tenir son nom du château d'Epiry, près de Couches, aujourd'hui sur le finage de Saint-Emiland (Saône-et-Loire). Avec ses fils Guillaume et Richard, dont le premier fut moine à Fontenay, il possédait divers biens sur Eringes, Fain-lès-Montbard, Courcelles, etc. Richard a pour témoin d'une de ses donations à Fontenay, Simon de Châtillon (Cartul. de l'égl. d'Autun, par A. de Charmasse, p. 91, 109; Migne, l. c., col. 1463; Ibid. col. 1347, D; *Gall. christian.* IV, 241, E; Archives de la Côte-d'Or, Cartul. de Fontenay n° 201, fol. 90, v°, de la 1<sup>re</sup> partie, et 2<sup>a</sup> *magn. chart.* XXXI, XXXV, fol. 13 de la 2<sup>e</sup> partie). Les seigneurs dits de la Roche et Tescelin le Saure avaient des possessions au même endroit (*Mon. SS.,* T. VIII, p. 476, 477, 478; Migne, l. c., col. 1463). Nous verrons plus loin un arrière-petit-fils de Tescelin cité comme auteur d'une donation à Fontenay, sur Fain-lès-Montbard. Parmi les témoins de donations faites sur Flacey, Courcelles, figurent *Verricus de Castellione, Girbertus de Castellione* (Migne, l. c., col. 1462, A et 1463, B). On ne voit l'intervention d'aucun membre de la maison seigneuriale de Montbard. D'ailleurs, ce n'est point au château de Montbard, mais à celui de Grignon, que devaient se rattacher Eringes, Courcelles, etc.

2. Migne, l. c., col. 1505.

3. *De antiquo statu Burgundiæ,* 1542, p. 140; *Annales de Bourgogne,* 1566, p. 169 et 189; Bibl. de Dijon.

4. Migne, l. c., col. 1489, C.

récits (1). Manrique y avait ajouté foi (2), et Sartorius a conclu : « *Se errare meminerint qui, dum hodie audiunt* (Bernardum) *nuncupari de Fontanis, existimant id esse gentilitium familiæ prædicatum ; id namque duntaxat nomen domicilii est, ubi natus educatusque, non utique nomen prosapiæ, a qua rectius appellandus erit e comitibus de Castellione* (3). On sait que ces comtes de Châtillon, non plus que *Verricus* de Laignes, n'apparaissent point dans les documents authentiques.

Que lit-on, enfin, dans les anciennes biographies ? D'après la *Vita 1ª recension A* et la *Vita 3ª*, saint Bernard et ses ancêtres paternels étaient de Châtillon : nul doute possible à ce sujet. Mais là n'est point la forme la plus exacte de ces biographies. Cette forme se trouve dans la *Vita 1ª recension B* et dans la *Vita 2ª*. Or, ici, saint Bernard est dit *Fontanis oppido patris sui oriundus*, sans plus d'explication. En quoi consiste, jusqu'où s'étend la correction que ces termes nouveaux ont apportée au texte primitif *Castellione oriundus* ? Est-ce à dire que la ligne paternelle de saint Bernard serait originaire de Fontaines, et non de Châtillon ? Telle n'est point, semble-t-il, la portée du remaniement exécuté. On voulut certainement deux choses : rectifier une erreur, réparer un oubli ; substituer au nom de Châtillon celui de Fontaines, vrai lieu natal de saint Bernard, et mentionner le domaine seigneurial de Tescelin. On accomplit cette retouche, en respectant le plus possible le texte de Guillaume de Saint-Thierri, suivant la loi qu'on s'était imposée. *Fontanis* remplaça *Castellione* ; on ajouta que c'était le lieu dont le père de saint Bernard était seigneur, *oppido patris sui*, et il n'y eut pas d'autre changement dans la phrase. S'est-on proposé davantage ? Pas un mot du texte remanié ne suffi-

---

1. *L'Histoire saincte de la ville de Châtillon*, 1651, p. 114 et 116.
2. Migne, l. c., col. 646, D.
3. Texte du *Cistercium bis tertium*, cité par Théophile Heimb dans *Bernardus Gintolfi*, 1743, I, p. 19.

rait à le prouver. Pas un mot du contexte ne l'insinue. Rien donc, ici, qui autorise à reporter entièrement à Fontaines les origines de la ligne paternelle de saint Bernard, rien qui soit une dénégation de l'*indigena Castellionis* appliqué à Tescelin, dans les Mémoires de Geoffroi (*Vita 3a*).

En dernière analyse, voici la conclusion qui demeure après ces réflexions critiques : Par ses origines paternelles, saint Bernard appartient à Châtillon autant, sinon plus, qu'à Fontaines.

Mais quel pouvait être le nom patronymique des aïeux de Tescelin ? Quelle était cette ancienne et noble race de chevaliers dont il sortait, *vir antiquæ et legitimæ militiæ?*(1) On l'ignore. Les armoiries vulgairement dites *de saint Bernard* sont trop discutables et trop énigmatiques pour que l'on ait rien à en conclure (2).

Les tables généalogiques suivantes prouvent que la famille châtillonnaise à laquelle se rattache saint Bernard, faisait partie de la haute noblesse de Bourgogne et de Champagne. Quelques noms paraîtront n'avoir aucun intérêt. Ils aideront cependant à rectifier certaines erreurs, et relieront ces notes avec celles qui pourraient être publiées dans la suite sur le même sujet.

Les chartes d'après lesquelles sont dressés les tableaux, se trouvent presque toutes dans l'*Histoire des ducs de Bourgogne* par E. Petit. Les dates inscrites y renverront suffisamment.

---

1. Migne, l. c., col. 227 et 470.
2. Ibid. col. 1533. Ces armes sont *de sable à la bande échiquetée de gueules et d'or* (alias *d'argent*) *de deux traits*.

# DESCENDANCE DE JOBERT LE ROUX DE CHATILLON-SUR-SEINE

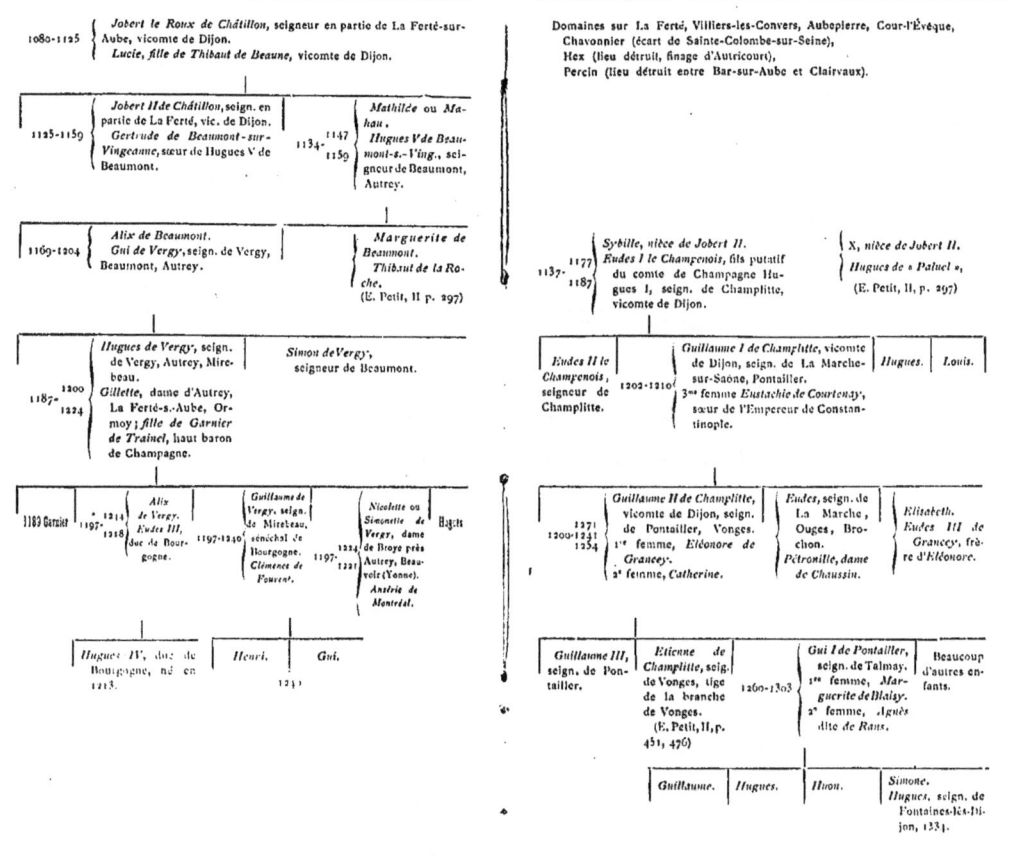

## DESCENDANCE DE RENIER DE CHATILLON-SUR-SEINE

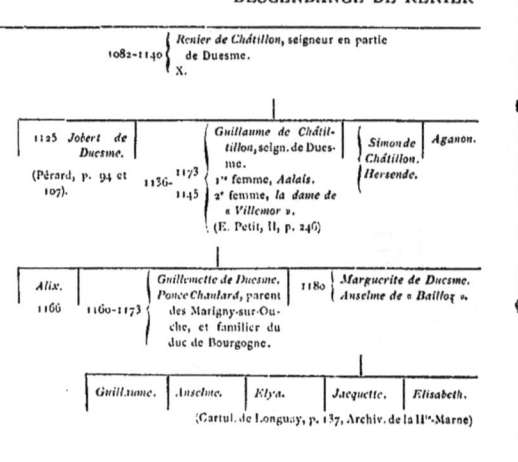

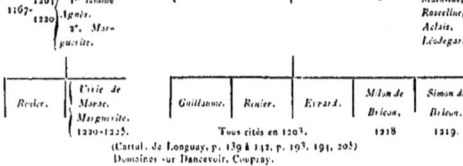

Nous joindrons encore quelques noms à ceux qui remplissent les deux tables généalogiques. La mutuelle intervention de tous ces seigneurs dans leurs donations aux abbayes, l'intervention fréquente de saint Bernard dans les mêmes donations, indiquent des liens de parenté.

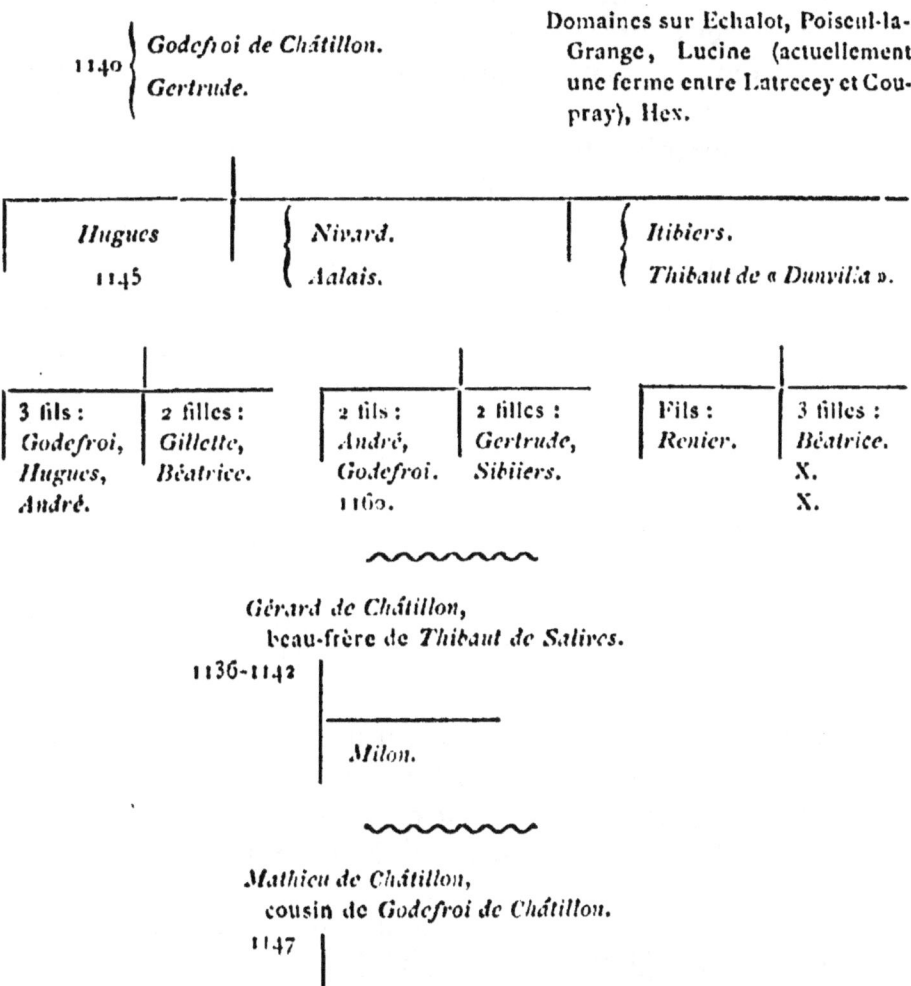

Tescelin le Saure est cité dans les chartes depuis environ 1080 jusque vers 1120. Vassal du duc de Bourgogne, il fut l'un des grands officiers des ducs Eudes I et Hugues II. On le rencontre presque toujours à la suite de ces princes. Il est témoin de leurs legs aux abbayes, assesseur dans leurs jugements, arbitre parfois dans leurs démêlés avec les clercs. Outre les chartes ducales, deux autres le mentionnent, l'une comme témoin des comtes de Saulx, l'autre comme garant de Renard de Montbard, son beau-frère (1).

Les premiers biographes de saint Bernard ont tracé le portrait de Tescelin. C'était un chevalier de race, mais le vrai chevalier, le type du soldat chrétien. Piété franche, goûts austères, inflexible amour pour la justice, cœur large et compatissant (2). A son époque, en effet, les vertus chevaleresques étaient dans leur épanouissement, et la décadence n'avait pas commencé.

L'Église, dit Léon Gautier, inculquait alors aux hommes d'armes deux grands devoirs: « La défendre » et « s'aimer entre eux ». Le seigneur de Fontaines savait remplir ces deux devoirs : quelques traits nous l'attestent.

En 1104, au prieuré de Fleurey-sur-Ouche, de concert avec les autres familiers de Hugues II, il détermina ce prince à céder les droits que les ducs de Bourgogne s'arrogeaient injustement sur les serfs des religieux. Une autre fois, en 1113, il fut appelé, avec tout le conseil ducal, à juger un différend qui existait entre son suzerain et les chanoines de Saint-Nazaire d'Autun. L'objet

---

1. Les chartes qui portent le nom de Tescelin le Saure sont toutes publiées ou indiquées dans l'*Histoire des Ducs de Bourgogne*, par E. Petit. Il suffira d'en rappeler ici les dates, pour qu'on les trouve facilement : 1080, 1100, 1101, encore 1101, 1103, encore 1103, 1104, 1107, 1110, 1112, 1113, 1120. Plusieurs de ces dates, comme par exemple la dernière, ne sont que des dates approximatives et supputées par M. Petit.
Dans la charte de fondation de Molesme (1075), figure parmi les témoins *Tescelinus Rufus*. La différence de surnom laisse nécessairement indécise l'identité de ce Tescelin avec *Tescelinus Saurus*.

2. Migne, l. c., col. 227, 523.

du litige était la perception, par les officiers de Hugues II, de certaines taxes sur les habitants de Chenôve, dans le Dijonnais, et de Gratoux, dans l'Autunois. Les redevances de ces localités avaient été données par Eudes I aux chanoines d'Autun, qui produisaient le titre formel d'abandon intégral. Hugues II se refusait à maintenir l'abandon octroyé par son père, et tentait de légitimer la perception faite au profit de son trésor par le temps même qu'avait duré la violence. Malgré les prétentions que le duc élevait, la sentence du conseil fut tout à fait favorable aux justes revendications des chanoines de Saint-Nazaire. A ces traits, on reconnaît dans Tescelin l'homme dévoué à la religion et à la justice, incapable, dit justement l'abbé Chevallier, des faiblesses qui font la fortune des courtisans.

Le fraternel amour du chrétien pour ses semblables brille en lui avec non moins d'éclat. En certaine circonstance, raconte Jean l'Ermite, Tescelin se vit disputer quelque avantage temporel considérable par un adversaire qui lui était bien inférieur en naissance et en richesse. Le premier mouvement fut de vider le différend par les armes. Un jour donc est fixé pour le combat. Ce jour arrive, et les deux champions se rencontrent. Alors, la conscience du preux chevalier lui rappelle le langage de la foi : « C'est un juste jugement qui sied à des chrétiens, et ils ne font point à autrui ce qu'ils ne veulent pas qu'on leur fasse. » Aussitôt il offre à son ennemi la réconciliation, et pour la sceller, il lui abandonne sans conteste tout ce qui était en litige (1). Bien qu'emprunté à un auteur qui accueille déjà la légende, ce récit mérite néanmoins quelque créance. Il s'harmonise avec les couleurs sous lesquelles les autres biographes nous peignent le caractère de Tescelin. Est-ce utile d'ajouter cette remarque : rien de plus vraisemblable chez un chevalier de la fin du XIe siècle, fût-il le plus

1. Migne, l. c., col. 537.

chrétien de tous, que cette promptitude à tirer indûment l'épée puis à la remettre généreusement au fourreau ? (1)

Tel fut donc le père de saint Bernard.

Vers 1085, il avait épousé Aleth, fille de Bernard, seigneur de Montbard, et de Humberge de Ricey (2). Nous ne rechercherons point les origines de la famille d'Aleth. Nous nous bornerons à rappeler deux textes des anciennes biographies, suivant lesquels cette famille paraît d'une plus haute noblesse que celle de Tescelin. L'épouse du seigneur de Fontaines, dit Geoffroi dans ses Mémoires (*Vita 3ᵃ*), sortait *ex optimo genere Burgundionum* (3). Et Jean l'Ermite ajoute : *ex antiquorum (sicut asserunt multi) Burgundiæ ducum generositate* (4). Ceci, cependant, ne doit pas s'entendre des ducs de la race capétienne, mais des ducs bénéficiaires.

Destinée d'abord au cloître par son père, Aleth avait reçu une instruction plus complète que celle que l'on donnait, d'ordinaire, aux filles des châteaux. On l'avait voulu lettrée et, pour parler la langue de l'époque, *de grant doctrinage*. Cela nous est attesté par Jean l'Ermite (5), que l'on doit tenir pour assez véridique en ces sortes de détails, car il connut le moine Robert, fils d'une sœur d'Aleth, dit par extension le neveu de saint

---

1. On voit dans ce récit, une preuve que l'Église a toujours réprouvé le duel, même à l'époque des tournois et du duel judiciaire. Pour connaître, en ce point, sa doctrine et son esprit, on ne peut s'arrêter à des tolérances, à des abus (*Cérémonial d'une épreuve judiciaire au XIIᵉ siècle*, par Léopold Delisle) que la barbarie des temps explique, mais il faut recueillir l'enseignement de ses Docteurs, de ses Pontifes suprêmes, et étudier la conduite de ses Saints.

2. *Gall. christ.* T. IV, col. 729. — Ce nom d'*Aleth* doit être une variante du nom *Alais*, employé par Alain et Jean l'Ermite, et qui fut fréquemment porté par les femmes nobles, au moyen âge. On trouve encore la forme *Alaiseth*. Ainsi est désignée, dans une charte de 1108, *Alais* ou *Alix* de Vergy, qui devint duchesse de Bourgogne (E. Petit, III, 365).

3. Migne, l. c., col. 524, D.

4. Ibid, col. 535, D. — Voir aussi la dissertation de Chifflet, ibid. col. 1301, et l'ouvrage de M. l'abbé Jobin, sur la famille de saint Bernard.

5. Migne, l. c., col. 535, D.

Bernard, et il apprit de sa bouche quelque récit concernant la famille.

Malgré les primitives intentions de son père, Aleth n'entra point en religion. Ayant atteint sa quinzième année, elle fut accordée en mariage à Tescelin. L'honneur fit un devoir à Bernard de Montbard de ne point refuser sa fille au seigneur de Fontaines qui la lui demandait (1).

La jeune dame de Fontaines fut le modèle de la femme chrétienne. Elle témoignait, « suivant le conseil de l'apôtre, une humble révérence envers son mari. Sous son autorité, elle gouvernait la *maisnée*, et y faisait régner la crainte de Dieu » (2). Très secourable aux malheureux, « elle parcourait les habitations, cherchant les malades et les pauvres, distribuant ses aumônes et ses soins. Elle allait jusque dans les salles des hôpitaux, poussée par sa dévotion compatissante, et là, prenait le rôle d'une simple infirmière » (3).

Les deux premiers enfants qui vinrent égayer la demeure féodale de Tescelin et d'Aleth, furent Gui et Gérard.

Un jour d'hiver, à la fin de 1090 ou au commencement de 1091, Aleth mit au monde son troisième fils. Pendant sa grossesse, elle avait eu un songe qui l'avait d'abord épouvantée puis remplie de joie. Elle rêva, en effet, qu'elle portait dans son sein un petit chien blanc, taché de rouge sur le dos, et qu'elle l'entendait aboyer. Saisie de frayeur, elle alla consulter un religieux. Celui-ci lui répondit, avec l'intuition d'un prophète : Bannissez toute crainte ; vous serez mère d'un excellent petit chien, qui sera le gardien de la maison de Dieu ; il aboiera fortement contre les ennemis de la foi, et sa

1. Ibid. col. 536, A.
2. Ibid. col. 227, B.
3. Ibid. col. 537, C.

langue aux paroles salutaires guérira beaucoup de malades spirituels. La pieuse et confiante Aleth accueillit cette réponse comme un oracle du Ciel. Heureuse, elle sentit aussitôt son amour maternel se déverser à flots sur l'enfant attendu ; elle résolut dès lors de le faire instruire dans les lettres sacrées, en vue de le disposer à la sublime mission que présageait ce songe merveilleux (1).

Il y eut sans doute grande et sainte liesse au château de Fontaines, le jour de la naissance de cet enfant. Aleth le fit appeler Bernard, du nom de son propre père (2).

C'était la coutume au temps d'Aleth, d'offrir à Dieu chaque nouveau-né. La mère, ou l'une des femmes qui l'assistaient, prenait l'enfant dans ses bras, et l'élevait vers le Ciel. L'épouse de Tescelin fut fidèle à cette offrande et ne l'accomplit point par d'autres mains que les siennes. Ainsi avait-elle présenté à Dieu Gui et Gérard ; ainsi fit-elle encore pour Bernard. Mais, la destinée de ce troisième enfant lui ayant paru demander davantage, elle imita ensuite l'exemple d'Anne, mère de Samuel. Comme celle-ci avait voué pour toujours au Seigneur, dans le Tabernacle, le fils accordé à sa

---

1. Ibid. col. 228, 471, 582. — Mabillon, dans une note relative au récit de ce songe, rappelle quelques mots empruntés à saint Bernard lui-même : *Malis audacter cum vidimus, oblatravimus* (EPIST. LXXVIII, n° 7) ; *ego itaque quod in me est, demo vestro lupum, instigo canes* (EPIST. CCXXX). Geoffroi a longuement commenté ce même songe par des applications allégoriques (Migne, l. c., col. 583-584. n° 17).

2. Ibid. col. 525. — On aimerait à connaître en quelle église fut baptisé saint Bernard. Louis Gellain, ayant parlé de l'abolition du culte de « saint Ambroisinien », ajoute, page 117 de son *Inventaire* : « On a pris pour patron saint Martin qui était le vocable de l'ancienne paroisse (église paroissiale) de Fontaines, et qui subsiste encore au milieu des champs au-delà de Suzon. C'est, porte aussi la tradition, dans cette dernière église où saint Bernard a été baptisé, et les fonts baptismaux ont été depuis transportés à Hauteville ». Cette tradition est autorisée par la vraisemblance. La chapelle de Saint-Ambroisinien, annexe de Saint-Martin, devait être d'érection trop récente en 1091, pour avoir une cuve baptismale. — A Hauteville, les fonts actuels n'ont pas d'antiquité. Ahuy en possède qui sont fort anciens. Ces deux villages se trouvent à quelques kilomètres de Fontaines, dans la direction du nord.

prière; de même Aleth fit, à l'église, une nouvelle offrande de Bernard en le dédiant au service des autels (1).

Dès ces temps primitifs, l'usage des nourrices était fréquent dans les châteaux. Aleth sut déroger à la coutume. Elle était de ces femmes noblement fières qui croyaient qu'un lait étranger « dénaturerait » leurs enfants. C'est ce que rapportent, presque en termes formels, les premiers biographes : *Alienis uberibus nutriendos* (liberos) *committere illustris femina refugiebat, quasi cum lacte materno materni quodammodo boni infundens eis naturam* (2). Bernard suça donc avec le lait maternel la même sève généreuse qu'il avait reçue déjà par le sang.

Tout fils de chevalier était élevé avec une certaine rudesse, même pendant ses premières années, qu'il passait, d'ordinaire, sous la direction des femmes. Cette règle si sage ne pouvait trouver une exception au castel de Fontaines. Aleth avait plus d'un motif pour s'y conformer. Car — disent les biographes, dans un style parfois d'une énergie difficile à rendre — elle enfantait pour

1. Migne, l. c., col. 228 et 471. — Jean l'Ermite (Ibid. col. 536, D) raconte ainsi l'oblation que la B. Aleth fit à Dieu de son troisième enfant : *Beatissimum vero Bernardum non tam cito quam alios* (liberos), *sed in proveciore aetate, Domino obtulit. Obtulit itaque, et hoc devotissime fecit.* On doit préférer le récit des Vies plus autorisées, récit d'ailleurs plus naturel. Saint Bernard fut deux fois offert, d'abord dans la chambre où il naquit, ensuite à l'église. La première oblation est clairement indiquée par la tournure : *non modo, sed.* La réalité de la seconde résulte du parallèle établi entre Aleth et la mère de Samuel. On ne s'expliquerait guère cet élogieux rapprochement, si Aleth, en deuxième lieu, n'eût fait que la démarche, accomplie alors par beaucoup de familles, de destiner son fils à la cléricature, et de le mettre dans une école épiscopale ou monastique. Cette dernière démarche est indiquée, en troisième lieu, par ces mots : *Unde et quam citius potuit, in ecclesiâ Castellionis magistris litterarum tradens erudiendum.* Et cet acte n'eut qu'une portée restreinte : Bernard ne devint pas, à proprement parler, un *oblat* du sanctuaire ; le don ne fut pas réel, et, plus tard, le jeune gentilhomme choisit lui-même sa voie. Cependant, il y eut une oblation positive, autre que celle du moment de la naissance; Jean l'Ermite ne connaît que celle-là ; elle est distincte de l'entrée aux écoles. Ce fut donc une réitération, plus dévote, de la première offrande.

2. Migne, l. c., col. 227 et 470. — La *Subscriptio Burchardi*, dans le texte publié par Surius (*De probatis sanctorum vitis*. Cologne, 1618, IV, p. 211. contient ce passage : *Sicut refertur de illo, nunquam suxit ubera nutricis, nisi matris.* Cela pourrait dénoter un fait qui tiendrait du prodige, et Manrique l'a fait valoir. Mais ce passage ne se lit point dans l'édition expurgée de la *Subscriptio* (Migne, ibid. col. 266 et 652, D).

Dieu, non pour le monde, et c'était au désert plutôt qu'à la cour qu'elle désirait voir un jour ses enfants. Aussi leur imposait-elle une forte discipline. Attentive aux moindres détails, elle ne souffrait point qu'on leur servît des mets trop délicats, mais elle les habituait à se contenter d'une nourriture « commune et grossière » (1).

On voit quelle fut la première éducation de Bernard, comment la mollesse et la recherche en étaient soigneusement bannies.

Lorsqu'il eut sept ans, au plus, sa mère le mit aux écoles de Châtillon, dirigées par les chanoines de Saint-Vorles. Ces écoles, qui comptaient déjà trois siècles d'existence, n'étaient pas sans renommée. Bien que les chanoines fussent séculiers alors, il y avait parmi eux des *scholastici* distingués par la piété non moins que par la science (2).

Fontaines fut donc alors un peu délaissé par ses

1. Migne, l. c., col. 227 et 470.
2. On fait remonter l'institution, ou mieux le rétablissement, des écoles de Châtillon jusqu'à l'évêque de Langres Betton, contemporain de Charlemagne et de Louis le Débonnaire (*Hist. des Évêques de Langres*, par l'abbé Mathieu, 1844, p. 33 ; *L'Histoire de Châtillon*, par G. Lapérouse, 1837, I. p. 158). Elles furent dirigées d'abord par des prêtres de la cathédrale de Langres, que les évêques envoyaient à Châtillon, en les chargeant du service paroissial et de l'éducation de la jeunesse (Ibid.). Lorsque, dans la seconde moitié du IXe siècle, l'évêque Isaac le Bon transféra de Marcenay à Châtillon les reliques de saint Vorles et les déposa « dans l'église alors dédiée à la sainte Mère de Dieu et au glorieux confesseur de Jésus-Christ, saint Martin », ce prélat conçut le projet d'établir près de la châsse de saint Vorles « une communauté de chanoines ou de moines ». Le pieux dessein fut réalisé, mais un siècle plus tard, par l'évêque Brunon de Roucy, après qu'il eut, à la place de l'ancienne église, élevé celle de Saint-Vorles. Il établit dans cette église un chapitre collégial, dit, canoniquement, de Notre-Dame, mais appelé aussi, vulgairement, de Saint-Vorles. Le soin des écoles fut confié aux chanoines (*Acta SS.* 17 juin ; ms du P. Hocmelle, Bibl. de la ville de Châtillon-sur-Seine). Brunon, disciple de Gerbert, dut donner l'impulsion aux études, à Châtillon, comme à Langres, où le futur abbé de Saint-Bénigne et archevêque de Lyon, Halinard, qui paraît être de la Maison de Sombernon (E. Petit, I, 117 ; *Bulletin d'hist. et d'archéol. relig. de Dijon*, sept.-oct. 1884), rencontra une quantité de savants (*Annales O. S. B.*, IV, p. 567) ; comme à Dijon, où l'évêque n'eut qu'à seconder le zèle de l'abbé Guillaume.

À l'époque où saint Bernard fit ses études, les chanoines de Châtillon étaient séculiers. Leur école, alors, ressemblait donc aux écoles épiscopales, aux écoles monastiques appelées *exteriores* ou *canonicæ*, mais non aux écoles dites *interiores* ou *scholæ claustri*. Les unes et les autres admettaient nobles et manants ; mais celles-ci étaient réservées aux moines et aux oblats du cloître, tandis que dans celles-là, avec les clercs et les hôtes. L'*oppidum* natal de Tescelin devint le séjour ordinaire de sa femme et de ses enfants. Cette résidence favorisait mieux les intentions d'Aleth, qui voulait suivre de près et au besoin stimuler les progrès de Bernard (1). Aussi bien Gui et Gérard, futurs chevaliers, trouvaient là les moyens de se préparer au métier des armes. Ils pouvaient joindre à l'escrime de fréquentes parties de chasse, à travers les belles et giboyeuses forêts du pays de la *Montagne*, dont Châtillon était le centre, et où la plupart des fiefs étaient aux mains de familles parentes ou amies de la leur. Il y avait là encore un excellent milieu d'éducation. Le chef-lieu de la partie septentrionale du duché de Bourgogne n'avait rien à envier à Dijon, la capitale, pour la culture intellectuelle

aspirants à l'état ecclésiastique séculier, pénétrait l'élément purement laïque.

A l'instigation de saint Bernard et de Guillenc, évêque de Langres, les chanoines de Châtillon embrassèrent (avant 1135) la vie régulière. C'est à cette occasion que fut fondée, au nord-est de l'*oppidum*, dans une vaste prairie située sur la rive gauche de la Seine, l'abbaye de Notre-Dame, devenue, depuis la Révolution, l'hôpital Saint-Pierre.

On croit que cette réforme fut établie au moyen d'une affiliation à l'abbaye d'Arrouaise (Pas-de-Calais, arr. d'Arras), ordre de Saint-Augustin. Les religieux de N.-D. de Châtillon étaient certainement unis à ceux d'Arrouaise au xiii$^e$ siècle (Ms. d'Hocmelle). La chronique d'Albéric de Trois-Fontaines marque à l'année 1087, l'institution de cette congrégation : *Eodem anno, incipit Ordo D. Nicholai de Arroasi quod nos dicimus de Trunco Berengarii ; sub præpositis fuerunt usque ad tempora B. Bernardi Claravallensis et tunc abbates instituti sunt* (mon. ss. XXIII, 805). L'abbaye de Châtillon étant tombée dans le relâchement, une nouvelle réforme y fut opérée au xvii$^e$ siècle, par l'introduction des Genovéfains.

1. Migne, l. c., col. 228, B ; 471, B). — Le monastère des Feuillants à Châtillon, aujourd'hui le couvent des Ursulines, fut construit sur l'emplacement d'une ancienne maison dite de Saint Bernard. Cette maison, de temps immémorial, passe pour avoir été l'habitation paternelle du saint. Elle est située au pied de la colline sur laquelle s'élève Saint-Vories, du coté du midi. Détériorée par un incendie, bien avant l'arrivée des Feuillants, elle renfermait encore quelques vieilles bâtisses qui furent comprises dans les substructions du couvent. Là, on montre au pieux visiteur une petite salle souterraine, dont les murs paraissent fort anciens. Elle est ornée d'une statue de saint Bernard, mais sans autel. C'est, dit on, la chambre où le jeune saint se retirait pour prier. Le P. Legrand se tait au sujet de cette chambre. Mais nous n'examinerons pas en détail la valeur de ces traditions, afin de ne point sortir du cadre que nous nous sommes tracé. Nous nous contentons de l'assertion générale, à savoir que le couvent actuel des Ursulines, anciennement des Feuillants, occupe l'emplacement de la Maison paternelle de saint Bernard. Cette assertion nous parait acceptable, vu le culte profond dont Châtillon a toujours entouré la mémoire de l'abbé de Clairvaux.

et l'urbanité des mœurs. On connaît les vers où Guillaume le Breton fait l'éloge des habitants de Châtillon :

> *Nulla quibus toto gens acceptior orbe*
> *Militiâ, sensu, doctrinis, philosophiâ,*
> *Artibus ingenuis, ornatu, veste, nitore* (1).

Les premiers biographes ont crayonné le portrait du jeune écolier. Nous traduisons, en élaguant toutefois les passages moins caractéristiques : « L'enfant était rempli de la grâce d'En-Haut, et avait naturellement beaucoup d'esprit. Il répondit promptement au désir qu'avait sa mère de le voir étudier avec succès les Lettres et avancer dans la piété. Ses progrès littéraires furent au-dessus de son âge, et il dépassa tous ses condisciples. Une mortification précoce dans l'usage des choses de ce monde présageait pour l'avenir l'amour de la vie parfaite. Ennemi du luxe, porté au recueillement et à la solitude, âme singulièrement méditative ; d'une incroyable modestie, quand, rarement, il était hors de la maison ; épris d'amour pour Dieu, qu'il priait de conserver pure son enfance ; appliqué à l'étude des Belles-Lettres, en vue surtout de se rendre apte à mieux connaître Dieu par les saintes Écritures (2) », Bernard, portait déjà au front l'auréole de sa future sainteté. Déjà on pouvait entrevoir le moine, altéré d'immolations ; le grand contemplatif, dont le regard, captivé par les beautés du monde supérieur, ne s'abaisserait plus sur la nature, simple reflet des perfections divines; le docteur, qui puiserait la vérité à sa source la plus haute, dans la parole de Dieu plutôt que dans celle de l'homme, et composerait des écrits tirés et tissus, dit Fénelon, du Saint-Esprit même.

Un trait révèle dans cet enfant une foi éclairée et ré-

---

1. *Description du Duché de Bourgogne*, par Courtépée, art. Châtillon-sur-Seine.
2. Migne, l. c., col. 228 et 471.

solue. Mis au lit par un violent mal de tête, il vit s'approcher de lui une femme qui prétendait le guérir. C'était une sorcière. Dès que le petit malade compris quelle était cette femme, en voyant dans ses mains des objets superstitieux, il poussa des cris indignés, et la força de se retirer. Dieu récompensa le zèle du saint enfant, dit le biographe, car, à l'instant même, son mal disparut (1).

Dans la suite, il fut favorisé d'une grâce plus signalée. On était aux fêtes de Noël. Selon la coutume, tout le monde s'apprêtait pour les Matines et la Messe de minuit. L'heure de commencer l'office se trouva un peu retardée. Bernard, assis, attendait avec les autres fidèles. Or, sa tête s'inclina, et il s'endormit un moment. Soudain, le mystère de Bethléem lui est révélé. Le Verbe enfant lui apparaît, comme s'il fût né à nouveau de la Vierge sa mère, et brillant de cet éclat qui en fait le plus beau des enfants des hommes. Bernard le contemple, et sent son âme entraînée vers lui par un élan bien supérieur à son âge.

Dans le cloître, le saint parlait encore de ce prodige, qui avait fait sur lui une impression profonde. Il croyait que l'heure où l'Enfant Jésus lui était apparu, était l'heure précise de sa naissance (2).

La vision de Noël eut lieu à Châtillon. Mais, où Bernard s'était-il endormi ? Est-ce *in domo patris* (3), comme on lit dans la *Vita 3*? Les textes plus autorisés des *Vitæ 1* et *2* rattachent le fait à une église ; car ils parlent d'un retard du commencement de l'office, et représentent Bernard *sedentem expectantemque cum cæteris* (4). Cette église, selon la tradition et toutes les vraisemblances, est Saint-Vorles. Une hymne, que l'on trouve, dès

---

1. Ibid.
2. Ibid. col. 229 et 471.
3. Ibid. col. 525.
4. Ibid. col. 229 et 471.

le xiii° siècle, dans des bréviaires manuscrits de l'abbaye de Clairvaux, rappelle en ces termes la vision de Noël :

*Tardant vigiliæ, dormit ad ostium,*
*Mox venter Mariæ producit Filium* (1).

Ce détail particulier, que Bernard se serait endormi à la porte de Saint-Vorles, est resté à Châtillon dans les souvenirs populaires. C'est ce qui fut raconté à Malabaila (2), en 1622 ; c'est ce que répète le P. Legrand (3). On le dit encore aujourd'hui. Mais il paraît étrange qu'une église paroissiale eût été fermée pendant la solennelle vigile de Noël. L'on sait, d'ailleurs, combien vite la tradition s'égare sur des détails d'aussi minime importance. L'historien doit donc s'en tenir au récit authentique des *Vitæ 1ª* et *2ª*, et simplement placer le fait à l'église de Saint-Vorles.

On vénérait particulièrement, à Saint-Vorles, une image de la Mère de Dieu. L'image était placée dans un petit oratoire souterrain, plus ancien que tout le reste de l'édifice, et désigné sous le nom de *Sainte-Marie du Château* (4). Selon la tradition, c'est dans cet oratoire et devant cette image que Bernard aimait à prier. Rien de

---

1. *Reliques des trois tombeaux saints de Clairvaux*, par l'abbé Lalore, Troyes, 1877.
2. *Vita del divoto et mellifluo dottore S. Bernardo*, Naples, 1634, p. 13 et 264-265.
3. *L'Histoire saincte de la ville de Châtillon*, par le P. Legrand, 2ᵉ partie, p. 128.
4. L'oratoire de Sainte-Marie est la plus ancienne chapelle de Châtillon. Il est situé sous l'extrémité nord du transsept de l'église Saint-Vorles. Voici la description de l'image que l'on y vénérait, description donnée par le P. Legrand, qui l'a vue, car elle ne fut détruite que pendant la tourmente révolutionnaire. « Elle est faite, écrivait le pieux auteur, d'un bois que l'âge a plus noircy que le soleil... Le visage est longuet, les yeux grands sans excès, le nés long, les ioués ni trop enflées ni trop abbatués, la couleur brune et par l'art et par l'âge ; elle est assise, et tient avec les deux mains le petit Jesus sur son gyron. » (2ᵉ partie, p. 161).
Le souvenir de saint Bernard resta attaché à cette chapelle. On prit l'habitude de l'appeler « la chapelle de Monsieur saint Bernard ». C'est le nom qui lui est donné en 1419, dans un titre portant fondation d'une lampe « devant l'image de Notre Dame estant en ladite chapelle dudit Monsieur saint Bernard », par Jean de Noidant, conseiller de Monseigneur le Duc de Bourgogne. (Archiv. de la Côte-d'Or, Titres de N.-D.

plus vraisemblable, car le souvenir de la vision de Noël dut souvent ramener le jeune écolier au pied de l'autel de la Vierge-Mère. Il commença donc à puiser là cette ardente dévotion qui lui valut le titre de *Citharista Mariæ*.

Cependant, la naissance de nouveaux enfants était venue réjouir encore le foyer de Tescelin et d'Aleth. Après Bernard, était née une fille, Hombeline, puis trois fils, André, Barthélemy et Nivard (1). La B. Aleth les éleva avec les mêmes soins que leurs aînés.

Aucun des trois derniers fils ne fut appliqué spécialement à l'étude des Lettres, mais on les prépara pour le métier des armes. Leur mère pourtant, avec une discrétion pleine de tact, par l'exemple plutôt que par la parole, leur insinua une autre voie. Elle ne se contenta plus des vertus par lesquelles, vivant au milieu du monde, elle s'honorait elle-même en même temps qu'elle honorait sa maison. La vie monastique devint son idéal. Elle en embrassa les saintes pratiques, sans omettre ses devoirs d'épouse et de mère. On la vit, dès lors, plus mortifiée à table, plus simple dans sa parure; elle fuyait les fêtes mondaines; elle se laissait moins absorber par les choses terrestres. Elle s'adonna aux jeûnes, aux veilles, à l'oraison, et, ne pouvant être littéralement une religieuse, elle rachetait ce qui lui manquait de cette profession si enviée, par ses aumônes et d'autres œuvres de miséricorde. C'est ainsi, dit le biographe, qu'elle s'engagea la première dans les sentiers où devaient la suivre ses enfants et son époux (2).

---

de Châtillon, cahier n° 112, intitulé : Chartes pour la cure de Châtillon, p. 19). Dans la suite, elle fut agrandie, au levant, par une construction à peu près de même dimension que l'ancienne. Profanée à la Révolution, la chapelle Saint-Bernard a été rendue au culte en 1854.

C'est à l'image dépeinte par le P. Legrand, que l'on attribuait le prodige de la lactation, et l'on rapportait ce prodige au temps de l'adolescence de saint Bernard. Nous n'avons aucun document qui permette de réviser le jugement porté sur cette tradition par Mabillon et les Bollandistes.

1. Migne, l. c., col. 536.
2. Ibid. col. 229, D.

Il est facile de se représenter quel spectacle offrait, dans son intérieur domestique ou parmi la société, la famille seigneuriale de Fontaines. Arrêtons-nous à la considérer, quand plane sur elle, à l'insu de tous, la menace d'un deuil foudroyant : Aleth va mourir, mais rien ne le fait craindre, et Dieu seul le prévoit.

C'était vers l'an 1107. Bernard allait avoir dix-sept ans (1). Il avait parcouru, ou peu s'en fallait, le double cycle du *Trivium* et du *Quadrivium*. On sait que la série des connaissances désignées sous ces noms répond quelque peu à l'ensemble des matières étudiées par nos aspirants aux deux baccalauréats. Le génie précoce de Bernard, sa diligence au travail, le soin qu'avait pris sa mère de le mettre de bonne heure aux écoles, tout fait croire que, comme d'autres célébrités de son époque, il fut, vers sa dix-huitième année, très instruit *in trivialibus et quadrivialibus*. Un esprit très vif, une élocu-

---

1. On ne peut fixer qu'approximativement la date de la mort de la B. Aleth. Manrique s'est déterminé pour l'année 1105, et Le Nain pour l'année 1110. Nous pensons qu'une date intermédiaire, comme 1107, se rapproche davantage de la vérité.
En effet, la première base de ce calcul chronologique est le texte des *Vitæ 1ª et 2ª*, ainsi conçu: *Cum autem aliquanto tempore evoluto, proficiens ætate et gratia apud Deum et homines, puer Bernardus* DE PUERITIA TRANSIRET IN ADOLESCENTIAM, *mater ejus,* LIBERIS FIDELITER EDUCATIS ET VIAS SÆCULI INGREDIENTIBUS, *quasi peractis omnibus quæ sua erant, feliciter migravit ad Dominum... Ex hoc Bernardus* SUO JAM MORE, SUO JURE *victitare incipiens, eleganti corpore,.. acri ingenio præditus, magnæ spei adolescens prædicabatur.* Or, la date de 1110, qui donnerait à Bernard dix-neuf ans accomplis, répond mal à ces expressions : *Cum de pueritia transiret in adolescentiam*. A ce point de vue, la date de 1105 serait préférable. Mais, d'autre part, quand Aleth mourut, elle avait achevé de remplir sa tâche pour l'éducation de ses enfants : les derniers n'étaient donc plus tout à fait en bas-âge. Puis, après son décès, Bernard commença à s'appartenir et à se diriger lui-même : est-il possible de se représenter comme hors de tutelle un enfant de quatorze ans, faisant ses études ? Il faut donc revenir en deçà de 1105.
Ajoutons encore deux observations. Suivant la *Vita 3*, Bernard entretint son oncle Gaudri de son dessein de quitter le monde, *cum vicesimo appropinquaret ætatis anno* (Bibl. nation. cod. lat. 17639, Bouhier 69 bis, fol. 3). Il avait donc un peu vu le monde préalablement. De plus, Jean l'Ermite parle d'apparitions de la B. Aleth se produisant pendant cinq années avant l'entrée de ses fils en religion (Migne, l. c., col. 539, B). Cet auteur exagère le nombre des apparitions : c'est le côté qui prêtait à la légende. Mais n'est-il pas exact en mettant cinq ans d'intervalle entre le décès d'Aleth et le départ de ses enfants pour Citeaux ? N'est-ce point ce que l'on doit conclure, si l'on confronte les textes des quatre *Vitæ*?
Telles sont les raisons qui nous ont fait adopter la date de 1107.

tion facile donnaient du relief à son savoir. Cette aménité de caractère et cette modestie pleine de sens qu'il avait toujours montrées, le préservaient de la morgue inconsciente, de la vanité naïve, écueils de l'adolescent noble et lettré. Ses avantages physiques répondaient à ses qualités intellectuelles et morales. Il ressemblait assez au jeune baron dont Léon Gautier trace le séduisant portrait (1). La stature était moins grande, la démarche plus posée, les manières plus douces ; une élégante distinction prédominait dans l'ensemble de la physionomie, au lieu de la force musculaire d'un futur athlète des tournois. Mais, de ce jeune baron idéal, Bernard avait les cheveux blonds, le visage régulier et *tra'tis*, la peau d'une extrême finesse, le teint blanc, les joues légèrement colorées. Plus que lui il avait le regard pur et limpide : c'était la pureté de l'ange, la simplicité de la colombe (2). Son front était droit, peu élevé, mais brillait d'un reflet qu... venait du commerce habituel avec Dieu (3). En un mot, c'était la beauté d'une âme

1. *La Chevalerie*, 1884, p. 205.
2. Migne, l. c., col. 303, C.
3. Le portrait que nous traçons de Bernard adolescent, n'est point fantaisiste. Les détails, sauf une exception, sont tous empruntés aux textes des anciens biographes : col. 230, 303, 472. Quant au détail complémentaire, joint à ceux que fournissent les biographes, il est tiré de la configuration du chef de saint Bernard.

Vers 1332, cette relique insigne, détachée du corps, avait été déposée dans un buste en vermeil, représentant le saint abbé. Ce buste était un chef-d'œuvre d'orfèvrerie, où l'on s'était appliqué à reproduire le portrait traditionnel du saint. Meglinger en parle en ces termes : *Vultus mellifui Patris, et* EX EFFIGIE PASSIM OMNIA *notus, et hic tam concinne elaboratus, intimas omnium pectorum medullas commovit* (Migne, l. c., col. 1601, B). C'était, relique et reliquaire, l'un des plus précieux ornements du trésor de Clairvaux.

Un inventaire de la sacristie de Clairvaux, rédigé en 1741 par Dom Guyton, renferme cette note concernant la relique : « Au chef de saint Bernard, il manque un des temples (tempes) à droite; point de mâchoire inférieure, vers laquelle il paraît qu'on a scié et levé quelques morceaux. *Ce chef est long, le front est peu élevé, l'occiput assez relevé.* »

Lorsque la Révolution éclata, le buste de saint Bernard fut d'abord épargné pendant quelque temps. Ensuite, il fut brisé à coups de marteau et envoyé à l'Hôtel des Monnaies le 3 décembre 1791. Mais, dès la fin de 1790, Louis-Marie Rocourt, dernier abbé de Clairvaux, avait retiré la relique. Il en avait même détaché des fragments, ce qu'il continua de faire, soit avant qu'il eût quitté l'abbaye, soit après, car, en allant habiter Bar-sur-Aube, il emporta avec lui le chef de saint Bernard. Enfin,

chevaleresque, imprégnée de douceur autant que de force, illuminée d'un rayon du ciel, et se révélant sous la transparence de sa délicate enveloppe (1).

A côté de Bernard, ses frères jetaient moins d'éclat. Il est impossible de peindre une à une ces physionomies diverses avec les seules données que l'on possède, et nous laissons M. l'abbé Jobin rassembler les documents qui permettront, du moins, de dessiner les caractères. A l'époque où nous prenons les membres de la famille de Fontaines pour les encadrer tous dans un même tableau, Gui et Gérard devaient être adoubés chevaliers (2). Hombeline avait environ quinze ans. André et Barthélemy étaient damoiseaux. Nivard avait quitté le giron

---

le 1ᵉʳ octobre 1813, Dom Rocourt donna ce qui restait de la précieuse relique, au baron Cafarelli, préfet de l'Aube, et celui-ci en fit présent à la cathédrale de Troyes, le 24 décembre de la même année.
C'est ainsi que le chef de saint Bernard fait maintenant partie du trésor de la cathédrale de Troyes. Mais, par suite des morcellements successifs qui ont eu lieu, toute la boîte crânienne a disparu ; il ne reste plus que le *facies*, comprenant l'os frontal et les deux maxillaires supérieurs. L'os frontal est trop limité aujourd'hui pour avoir conservé tout son cachet ; on voit seulement que le front était droit avec deux proéminences marquées au-dessus des sourcils. Voir *Lettre sur les reliques de S. Bernard et de S. Malachie*, par Ph. Guignard, Migne, l. c., col. 1661; et *Recherches sur le chef de S. Bernard*, par l'abbé Lalore, Troyes, 1878.

1. Les portraits traditionnels de saint Bernard, comme celui que nous avons reproduit (voir *Planche 1*), ne peuvent rendre la beauté du jeune gentilhomme. A peine entré dans le cloître, en effet, Bernard embrassa avec tant d'ardeur les pratiques de la pénitence que son corps fut vite exténué. Les biographes parlent maintes fois de son épuisement physique. Ils font particulièrement ressortir cet épuisement, en racontant la première entrevue avec Guillaume de Champeaux. Ils nous dépeignent, en cette circonstance, le jeune abbé déjà *exesi corporis et moribundi, habitu quoque despicabilis* (Migne, l. c., col. 245, C). Les portraits de saint Bernard, qui le représentent dans la maturité de l'âge, après tant de travaux et de souffrances, ne nous offrent donc que des traits amaigris, à demi effacés, où la mort commence à marquer son empreinte. Mais, si l'on analyse cette physionomie, on pourra, comme Guillaume de Champeaux, découvrir sous la frêle enveloppe une grande âme. A travers cette sérénité de visage, *serenus vultu*, cet air simple et modeste, *modestus habitu*, ces rides profondes, *in vase contrito penitus et undique conquassato* (col. 303), on verra percer la puissante énergie du caractère. Cf. col. 1743, C.

2. L'adoubement militaire se faisait de bonne heure au commencement du XIIᵉ siècle. Nous en trouvons une preuve dans les biographies mêmes de saint Bernard. André était déjà chevalier dès le début de l'année 1113. Or il n'avait que dix-neuf ans, puisque Bernard en avait alors à peine vingt-deux. Il y a donc lieu de croire que Gui et Gérard lui-même, *miles in armis strenuus* (col. 233), avaient déjà ceint l'épée vers 1107.

maternel, et l'on devait commencer à le jucher sur les gros destriers de son père ou de ses frères.

Tous ces enfants s'aimaient. On en saisit la preuve dans ce cri du jeune André, promettant à Bernard de le suivre à Cîteaux : « Alors, faites en sorte que pas un de nos frères ne reste dans le monde ; ou bien, divisez-moi en deux, car je ne pourrai vivre séparé ni d'eux, ni de vous » (1). Une sympathie plus profonde unissait particulièrement Bernard et Gérard. On sait avec quelles larmes l'abbé de Clairvaux pleura la mort de Gérard. On a lu l'éloquente oraison funèbre que lui arracha sa douleur, au milieu de l'explication du *Cantique des cantiques*. Nous n'en rappelons que ces simples mots : *Girardum lugeo : Girardus est in causa, frater carne, sed proximus spiritu, socius proposito. Adhæsit anima mea animæ illius ; et unam fecit de duabus, non consanguinitas, sed unanimitas* (2).

Lorsque Tescelin contemplait à ses côtés la vertueuse Aleth et tous ceux qu'elle lui avait donnés, le preux chevalier devait se sentir ému et bénir le Ciel. Pour lui, se réalisait la promesse prophétique que fait le Psalmiste au mari craignant Dieu : Ton épouse est semblable à un cep d'une riche fécondité ; tes enfants, comme de jeunes plants d'oliviers, font cercle autour de ta table (3)».

Et quand la noble famille se rendait, tout entière, aux moûtiers voisins de ses habitations : à Saint-Vorles, si l'on demeurait à Châtillon ; à Saint-Ambrosinien ou Saint-Martin-des-Champs, si l'on était à Fontaines ; quand Tescelin, avec Gui, Gérard, André, Barthélemy et la suite ordinaire des hommes d'armes, s'en allait à la cour ducale ou dans quelque château ; les serfs que l'on rencontrait sur le chemin, devaient se montrer fiers de la prospérité de leurs maîtres. Ils

---

1. OPUSCULA QUATUOR *Petri Chiffletii*, p. 173
2. *In cant. sermo* XXVI, n° 8-9.
3. *Ps.* 127.

avaient raison. Non seulement le seigneur de Fontaines ne les rançonnait pas, mais d'abondantes aumônes leur étaient distribuées par ses mains, par celles de son épouse, par celles de leurs enfants. Bernard, tout petit, se cachait déjà pour donner aux pauvres l'argent qu'il avait (1).

Quels pouvaient être les hôtes habitués de la famille? C'étaient les quatre frères d'Aleth : Renard, seigneur de Montbard, et sa femme Aenor ; André de Montbard, futur soldat du Temple ; Milon, seigneur de Pouilly-lès-Molesme ; Gaudri, seigneur de Touillon (2). C'était une sœur d'Aleth, avec son jeune fils Robert, dit le neveu de saint Bernard. (3). C'étaient des cousins, comme Gauthier, Renier, Nivard et Godefroi de la Roche, avec Agnès, leur sœur, qui fut la première abbesse du Puits-d'Orbe ; comme Jobert le Roux de Châtillon et sa femme, Lucie de Beaune ; ou, enfin, des amis appartenant aux diverses maisons féodales de Bourgogne et de Champagne. Bernard, dès l'enfance, noua les liens les plus intimes avec Godefroi de la Roche, son condisciple aux écoles de Saint-Vorles (4). Il eut aussi des

1. Migne, l. c., col. 229, C ; 472, B.
2. Ibid. col. 1517 et suiv. — Chifflet introduit dans son tableau généalogique de la Maison de Montbard « Diane épouse de Othon de Châtillon. » Mais le document sur lequel il se base, n'offre pas de garantie. Ce document est un inventaire fautif des titres de la Maison de Saffres (col. 1485), et dont l'inexactitude est relevée par Chifflet lui-même (col. 1503, C D ; 1531, A).
3. Ibid. col. 537, D.
4. Ibid. col. 469, B. Voir E. Petit, I, 324, et Archiv. de la Côte-d'Or, II, 1028, Puits-d'Orbe, Aignay. — Nous avons déjà noté que cette famille seigneuriale dite de la Roche à laquelle appartient Godefroi, avait des biens sur Fain-lès-Montbard. Elle possédait ces biens avant les alliances matrimoniales contractées par Gauthier et Renier avec la Maison de Montbard. On lit en effet, dans la Chron. de Hugues de Flavigny, à l'année 1096 : *Hagano etiam de Roca noster factus, vidente Raynaldo avunculo suo, calumpniam feodi sui Finium Deo et Sto Præjecto et nobis dimisit* (Mon. SS. VIII, p. 476, n° 25). Renaud de la Roche, cité ici, figure encore dans la même chron. à l'année 1097 (p. 477, n° 10) comme garant d'*Hildegarius* de Gurgy dans un acte passé à Cône, dépendance de Quemigny-sur-Seine ; et à l'année 1099 (p. 478, n° 5), comme l'un des vassaux de l'abbé de Flavigny. Aganon et Renaud doivent être des ascendants, sinon directs, au moins collatéraux de Godefroi et de ses frères. Ceux-ci avaient des biens patrimoniaux sur Aubepierre, et dans la région de Gurgy, Lucey, Lachaume (Cartul. de Longuay, p. 93, 142). Avant 1145, l'abbaye de N.-D. de Châtillon reçut en don

relations étroites avec Hugues de Mâcon, malgré l'âge plus avancé de celui-ci (1). Hugues était un clerc séculier, de noble extraction et fort riche.

Ainsi la félicité régnait dans la maison de Tescelin et d'Aleth. L'épreuve ne l'avait pas encore visitée, mais elle était proche. La voici venir à l'improviste.

On était à la fin d'août, et le château de Fontaines abritait ses hôtes. Au moyen-âge, il y avait, comme aujourd'hui, des vacances pour les écoliers. Cette interruption des études rendait Bernard et sa mère au donjon seigneurial, pour un temps notable, et groupait naturellement autour d'eux la famille entière.

Nous traduisons le récit de Jean l'Ermite, avec une légère paraphrase explicative.

« Il est, dit-il, une chose bien digne d'être rapportée, une chose merveilleuse, et que je n'ai point apprise sans être saisi d'admiration. Je la tiens d'un abbé pénétré de l'esprit de son saint état, qui vécut plus de soixante-sept ans dans le cloître. Je veux parler de l'abbé Robert neveu d'Aleth par sa sœur, et à qui s'adresse la lettre première du recueil des lettres du B. Bernard.

« La mère de notre saint abbé — me dit donc Robert — était une femme des plus religieuses. Chaque année, le jour de Saint-Ambrosinien, elle réunissait une quantité de clercs, afin que la fête fut mieux solennisée, puis elle leur donnait à dîner avec une sorte de munificence (2). Ainsi se proposait-elle d'honorer le patron de

---

molendinum de *Empiliaco quod est juxta pontem, a Guillema sorore Godefridi cum consensu filiorum et nepotum suorum* (Archiv. de la Côte-d'Or, Cartul. d'Hocmelle, fol. 83 r°). Le seul Godefroi nommé dans la charte est l'évêque de Langres.

1. Ibid. col. 658, B.

2. On lit dans l'*Inventaire* du Feuillant Louis Gellain, p. 115 : « Par contrat du dernier décembre 1618 reçu Carrey notaire à Dijon, nous avons acquis d'Adrien Artault procureur au Parlement, tant en son nom que comme procureur spécial de Dame Bernarde Renauldot, mère et tutrice de Louis et Claude Charpy ses enfans, une maison située au village de Fontaines rue des Puits, avec un jardin derrière la ditte maison, donnant le tout de levant et de midi sur deux rues... Si on

Fontaines et en lui tous les saints, la sainte Vierge et Dieu même. Or Dieu la récompensa de sa dévotion. Une certaine année, Il lui révéla, un peu avant la fête, qu'elle devait mourir le jour où on la célébrerait. Aleth fit part de cette révélation à son mari, à ses enfants, à toute sa maison. On ne l'écouta qu'avec beaucoup d'étonnement, on ne la voulut point croire ; mais l'étonnement ne tarda pas à augmenter. La veille de la fête, Aleth est atteinte de la fièvre. Le jour même, après la célébration de la messe, elle demande très dévotement à recevoir l'Eucharistie et l'Extrême Onction. On accède à ses désirs. Les sacrements reçus, elle fait convier tous les clercs au dîner d'usage, puis elle mande auprès d'elle Gui, l'aîné de ses enfants — Sitôt le repas terminé, dit-elle, ne manquez pas de rassembler les clercs dans ma chambre — Gui obéit pieusement à sa mère. Les clercs arrivent, ils entourent le lit de la malade. Alors la servante de Dieu leur annonce, avec une grande consolation intérieure, que sa mort est imminente. On se met en prière, on commence les Litanies : Aleth joint sa voix à celle des clercs. Lorsqu'on arrive à cette invocation : *Per Passionem et Crucem tuam libera eam Domine*, elle essaie encore de la prononcer, et aussitôt, élevant la main pour se signer du signe de la croix, elle rend doucement son âme à Dieu... Sa main resta levée dans cette pieuse attitude, et ce fut un sujet d'admiration pour tous ceux qui étaient présents.

« Dès que la nouvelle de cette mort se fut répandue, l'abbé de Saint-Bénigne, Jarenton, homme extrêmement vénérable, s'empressa d'accourir à Fontaines et de réclamer le corps sacré d'Aleth, regardant ses restes mortels comme un glorieux trésor. Il obtint ce qu'il était venu solliciter, grâce à la considération dont il

---

veut en croire la tradition, cette maison est celle où sainte Alethe mère de saint Bernard rassemblait de tems à autres et surtout le premier de septembre, les ecclésiastiques des environs. • Voir *Planche 9*.

jouissait, grâce aussi à la bienveillance des enfants de la défunte. Alors, le précieux fardeau, placé sur les épaules des moines, fut conduit à Dijon, au milieu d'un grand deuil. De Dijon, tout le peuple se porta en foule au devant du cortège, avec des croix et des cierges. Chacun témoignait sa vénération pour les vertus d'Aleth; chacun se félicitait d'avoir à garder son tombeau. C'est ainsi que la dépouille sacrée fut portée jusqu'à la basilique du très saint et très illustre martyr Bénigne, où elle fut inhumée avec de grands honneurs (1) ».

Bien que Jean l'Ermite aime trop le panégyrique et la légende, il n'y a cependant pas lieu de récuser le récit que nous venons de lui emprunter. Ce récit, en effet, a pour premier auteur un neveu de la B. Aleth. Il se trouve, en substance, dans les deux biographies les plus autorisées. L'inhumation d'Aleth à Saint-Bénigne n'a d'ailleurs jamais été contestée. Qui verrait une contestation sérieuse dans les raisonnements dénués de sens critique que fait le P. Legrand, pour transporter ces évènements à Châtillon ?

Le lieu de cette sépulture fut la crypte de la basilique, *inferior ecclesia*. C'est ce qu'attestent les traditions de l'abbaye. On peut voir dans divers ouvrages et spécialement dans les *Annales* de Mabillon (2), la des-

---

1. Migne, l. c., col. 537-539.
2. *Annales O. S. B.* t. IV, p. 152. — Nous renvoyons aux plans donnés dans les *Annales* plutôt qu'à la description que l'on y trouve. Une description meilleure est celle de Dom Plancher (Tome I). Meilleurs également les plans de celui-ci, mais ils ne représentent que quatre des sépultures de la crypte et sans indiquer les noms, sauf pour saint Bénigne. Relativement aux vocables des autels, les désignations sont les mêmes dans les dessins de Mabillon que que dans ceux de Dom Plancher. Alors, puisque les vocables des autels sont fidèlement indiqués sur les plans de Mabillon, il est à présumer qu'il y a la même exactitude dans l'indication des noms des tombeaux. Une autre garantie de cette exactitude, c'est que sur les plans des *Annales* les tombeaux portent le même numérotage que dans la liste des *sepulchra* mentionnée un peu plus bas. Enfin, la place assignée à la sépulture de la B. Aleth est conforme aux renseignements fournis à Mabillon par Dom Thomas Le Roy, religieux de Saint-Bénigne, et dont voici la teneur : « La B. Alethe, mère de saint Bernard. La tradition nous apprend que le tombeau que l'on trouve à main gauche entrant dans la Rotonde, est de cette illustre matrone. » Archiv. de la Côte-d'Or, ms n° 124, original, p. 85. On entrait, en effet, directement, dans l'étage inférieur de la Rotonde par un

cription et plusieurs plans de la basilique de Saint-Bénigne. L'un de ces plans donne l'emplacement du tombeau de la B. Aleth. Ce tombeau était dans les caveaux de la Rotonde, édifice à triple étage, situé au chevet du monument et flanqué de deux tours avec escaliers à vis, l'une au nord, l'autre au midi. Le sépulcre dit de la mère de saint Bernard se trouvait du côté du nord, près de l'escalier et à main gauche en entrant, quand on pénétrait par là dans la rotonde inférieure. Il est mentionné en ces termes, parmi les dix-neuf *sepulchra inferioris ecclesiæ*, dans la liste des *personnes illustres enterrées dans Saint-Bénigne*, liste dont le manuscrit est conservé à la Bibliothèque nationale (1), et qui a été publiée par M. Gabriel Dumay (2): *Sepulchrum Alasyæ, sive Alydis, matris divi Bernardi abbatis Clarevallis, hic sepultæ, ex ejusdem S<sup>ti</sup> vita, auctore Johanne Heremita, et aliis nobis ex traditione notum*. On sait que les ossements de la B. Aleth, furent transférés dans l'abbaye de Clairvaux, l'an 1250, par les soins d'Etienne de Lexington, abbé de ce monastère (3).

couloir traversant le bas de la tour septentrionale et débouchant à l'intérieur près du pied de l'escalier. Cette entrée est visible aujourd'hui, à cause des fouilles et des travaux que l'on exécute, et dont nous parlons dans une note suivante.

1. Bibl. nat., Bourgogne, t. XIV, fol. 158 et suiv. — On trouve également cette liste des sépultures à la Bibliothèque des Archiv. de la Côte-d'Or, ms n° 124, p. 267.

2. *Epigraphie bourguignonne, église et abbaye de Saint-Bénigne de Dijon*, par Gabriel Dumay, 1882, p. 183-187.

3. Migne, l. c., col. 1767, A ; 1687, B ; 1690, B. — On sait encore que les tombeaux saints ou vénérables de Clairvaux ont entièrement disparu. Lorsque l'on transféra les restes de la B. Aleth dans cette abbaye, ne laissa-t-on pas quelques-uns de ses ossements dans sa primitive sépulture, à Saint-Bénigne? Nous ne connaissons sur ce point que cette note des moines de Saint-Bénigne : « Le 14<sup>e</sup> jour du mois d'avril de l'année 1250 doit être marqué d'un caractère de deuil pour nous et de réjouissance pour l'abbaye de Clairvaux qui gagna ce que nous perdîmes, le corps de la B. Alethe, mère de S. Bernard. (Son tombeau, ses cendres, et peut-être de ses ossements sont demeurés dans notre sanctuaire la rotonde inférieure) » Archiv. de la Côte-d'Or, recueil de D. Thomas Le Roy, n° 124, p. 62 D'ailleurs, la rotonde de Saint-Bénigne a été elle-même détruite pendant la Révolution. Elle fut mise en adjudication vers la fin de 1791, puis, le 20 février suivant, les ouvriers furent appelés pour la démolir. Les deux étages supérieurs furent rasés. Quant à l'étage inférieur, on le laissa subsister, mais à la fin on le remplit de décombres, ainsi que le martyrium renfer-

Le fait de la sépulture d'Aleth dans la crypte de Saint-Bénigne est une preuve de la réputation de sainteté dont jouissait la vertueuse châtelaine. Car, avec l'antique sarcophage de l'apôtre des Lingons et des Eduens, cette crypte ne renfermait que les tombeaux de personnages honorés comme saints ou, du moins, dont la mémoire était entourée d'une grande vénération (1).

mant le tombeau du saint et les autres parties de la crypte demeurées accessibles jusque là. Voir *Diction. de l'architecture française*, par Viollet-le-Duc, t. IV, p. 452 et suiv. — *Etude historique et critique sur la mission, les actes et le culte de Saint-Bénigne*, par l'abbé Bougaud, décédé évêque de Laval. — Bientôt, il se fit l'oubli le plus complet sur le monument si remarquable de l'abbé Guillaume et sur la Confession de saint Bénigne. Ce n'est qu'au milieu de ce siècle, lors de la construction d'une sacristie à la cathédrale, que l'on vit reparaître, dans les fouilles exécutées à cette occasion, les restes de la crypte y compris l'étage inférieur de la rotonde. Maintenant, ces précieux débris, consolidés, visibles, sont redevenus l'objet de l'attention des savants et de la vénération populaire. Le tombeau de saint Bénigne entièrement déblayé, laisse voir, posé en contre-bas du sol de la crypte, le fond de l'auge funéraire qui reçut la dépouille du martyr. Mais aucun signe commémoratif ne rappelle plus aux visiteurs ni l'endroit ni le nom des autres sépultures. On vient d'entreprendre, en 1890, une restauration plus complète de cet édifice, que Viollet-le-Duc déclare unique en France. Les travaux s'exécutent sous l'intelligente direction de M. Suisse, architecte diocésain. On met à jour, en ce moment, pour les étudier et les conserver, les soubassements de la chapelle rectangulaire, attenante à la rotonde du côté du levant, et qui remonterait au vi$^e$ siècle, suivant Dom Plancher. La bâtisse que l'on retrouve, est, semble-t-il, beaucoup plus ancienne que celle des parties adjacentes de la rotonde.

1. *Epigraphie bourguignonne...*, p. 183-185. — Dans le recueil de D. Le Roy, déjà plusieurs fois cité, on lit p. 39 : « Le grand nombre de saints qui ont sanctifié (ce lieu) ou qui se sont sanctifiés dans ce monastère, a fourni le dessin d'un très ancien tableau où ils sont représentés, et au-dessus il y avait ces deux vers en caractères gothiques :

Quisquis scire cupis quibus hoc sit nobile sanctis
Cœnobium fultum, super hac tu dirige vultum.

« On ne sait ce qu'est devenu ce monument de sainteté prisé comme un trésor par un savant qui dit en avoir tiré un crayon sur le papier dans notre église, où il l'a vu suspendu à un pilier à une chaîne de fer, environ l'an 1630. Heureusement pour nous, après des recherches de l'original, longues et inutiles, on en a recouvré une copie que l'on doit au zèle des RR. PP. Feuillants de Fontaines, qui l'ont fait faire sur l'original perdu... » Suit un renvoi à la page 87, où se trouvent ces nouveaux détails : « Il est à noter que dans la copie de l'ancien tableau énoncé, tirée très fidèlement sur celle des RR. PP. Feuillants, on a mis au bas du tableau, à la place de S. Bernard et ses frères revêtus en Feuillants, l'évêque Garnier et les figures des ducs ou comtes et comtesses enterrés dans Saint-Bénigne. Aux quatre coins du tableau, au lieu des Histoires d'Alethe, on y a peint le portrait du cardinal de Givry, et à sa gauche, Alexandre de Montagu ; au bas, l'abbé Jarenton, et pour regard, l'abbé Pierre. »

Si nous parlons de ce tableau, c'est parce que la B. Aleth y était représentée, ce qui est une nouvelle preuve de la vénération permanente dont l'abbaye entoura sa mémoire.

Les deux copies conservées disparurent à leur tour pendant la Révo-

Cette juste observation avait frappé Manrique: on la trouve au fond du discours qu'il prête à l'abbé Jarenton, lorsque celui-ci demande le corps de la B. Aleth (1).

Le jour de la mort d'Aleth fut le 1ᵉʳ septembre, auquel on célébrait, à Fontaines, la fête de saint Ambrosinien, et, si plusieurs auteurs ont indiqué le 4 avril, c'est que l'on a confondu saint Ambrosinien avec saint Ambroise de Milan, comme nous l'avons rappelé ailleurs (2).

Grande fut donc l'épreuve qui venait de fondre sur la maison seigneuriale de Fontaines. Bien qu'Aleth fût morte de la mort des saints, bien que sa protection ne

---

lution. Celle des Feuillants ne s'est point retrouvée. Celle de Saint-Bénigne fut découverte par M. l'abbé Bougaud, sur l'étalage d'un bouquiniste, à Dijon le 29 septembre 1854. Achetée aussitôt par Mgr Rivet, cette précieuse copie fut placée dans la galerie du palais épiscopal, où on la voit encore. Une troisième copie, tirée sur celle qui venait d'être recouvrée ainsi, orne la salle capitulaire, à la sacristie de Saint-Bénigne (*Etude hist. et critiq....* p. 324).

Ce tableau représente une sorte d'arbre généalogique portant au centre saint Bénigne, et tout autour, sur les branches, dix-neuf médaillons renfermant autant de personnages qualifiés du titre de saint. En donnant leurs noms, M. Bougaud a omis celui de l'abbé Halinard. L'inscription est en caractères romains, elle couvre un ruban qui décrit un ovale autour de l'arbre, et elle commence en bas, à main droite des personnages représentés. En voici le texte : *Magna insignis monasterii divi Benigni divionensis martiris luminaria ex veterr. ms Benigniano ✝ Quisquis scire cupis quibus hoc sit nobile sanctis cœnobium fultum, super hæc tu dirige vultum.*

La première partie de cette inscription ne fut-elle pas ajoutée par les Feuillants ? On est tenté de le croire, vu la différence de style, vu aussi les notes des Bénédictins que nous venons de transcrire. D'ailleurs, les religieux de Fontaines ne copièrent pas avec une scrupuleuse exactitude le tableau de Saint-Bénigne, puisqu'ils y introduisirent saint Bernard et ses frères, et qu'ils y firent représenter des traits de la vie de la B. Aleth. Il est donc impossible de juger à quelle époque pouvait remonter l'original, d'après les copies qui nous restent.

Une longue inscription sur marbre, datée de 1668, se lisait dans la crypte de Saint-Bénigne. Elle a été publiée en 1709 dans l'*Office propre de saint Bénigne* (Dijon, de Fay, p. 90), rééditée en 1882 dans l'*Epigraphie bourguignonne* (p. 202), et se trouve aussi dans le ms de la Bibl. des Archiv. de la Côte-d'Or, inscrᵗ S T, n° 121, p. 75. Elle débute ainsi : *D. O. M. et æternæ SS. memꝫ æ quorum sacra corpora sub hac mole quiescunt.* Voici quelques mots de la conclusion :

*Non potuit exiguo marmore comprehendi
progenies omnis, quam ædibus amplissimis
alma tellus complecti non valuit.
Dedit enim clarevallensibus matrem Aletam,
ut nihil de te cæteris moneam.*

1. Ad an. 1105.
2. Migne, l. c., col. 1393 et suiv.

dût point manquer à sa famille, cependant cette protection devenait invisible et, partant, moins sentie. Bernard, surtout, perdait l'ange tutélaire qui avait reçu les confidences du Ciel sur sa destinée, et qui le dirigeait sûrement au but, avec l'aimable ténacité d'une mère. Sans doute, le souvenir des soins privilégiés dont il avait été l'objet, et le degré qu'avait atteint en lui l'amour filial au milieu d'un dévouement si expressif, fixèrent pour jamais devant les yeux de son âme l'image de la vénérée défunte. Il est juste de penser qu'il se rappela chaque jour ses conseils en priant pour elle. Car, cinq ans plus tard, pendant son noviciat, il récitait encore tous les jours, les sept psaumes de la Pénitence à l'intention de sa mère (1). Et tout à l'heure, nous rencontrerons la preuve d'une réminiscence très vivace. Néanmoins, il se trouva dépourvu de cette ferme direction qui, jusque-là, lui avait tracé sa voie; il fut livré à lui-même. C'est ce que remarque formellement le biographe : *suo jam more, suo jure victitare incipiens* (2).

Toute vocation surnaturelle, la plus extraordinaire comme la plus commune, veut être librement suivie. Aleth aurait-elle pu méconnaître ce principe ? Aurait-elle pu laisser trop peu d'indépendance à Bernard dans sa résolution définitive touchant son avenir ? Faudrait-il voir, là, le motif providentiel du décès prématuré d'Aleth ? Nous ne le pensons pas. Mais, autant que l'on peut pénétrer les secrets d'En-Haut, voici une explication meilleure. La mission de Bernard était de se jeter, à corps perdu, dans les immolations du cloître, d'y entraîner à sa suite une foule d'imitateurs et, par un merveilleux épanouissement de la vie évangélique, de porter remède aux plaies intellectuelles et morales de son époque. Or, il fallait que le jeune gentilhomme entrevît un instant ces plaies et que, par un léger contact, il comprît le péril

1. Ibid. col. 1332, C.
2. Ibid. col. 230, B.

de la science infatuée d'elle-même, les dangers de la vie du siècle. C'est à ce contact, en effet, les biographes l'attestent, que Bernard, dont la volonté était douée d'une élasticité et d'une énergie si remarquables, s'élança d'un bond jusqu'au sommet de la perfection. Mais, ce rapide passage au milieu du monde, pendant lequel il en effleura les sentiers plutôt qu'il n'y marcha réellement, Aleth ne l'eût point permis. Elle ne l'eût point permis, car elle eût rempli son devoir de mère. Quelque sûre qu'elle soit de la vertu de son fils adolescent, jamais une mère, si elle a le sens chrétien, ne lui laissera volontiers cotoyer les abîmes.

Mais nous avons tort, peut-être, de toucher aux raisons providentielles des faits qui nous occupent. Notre programme est plus restreint, et ne s'étend pas au delà de l'historicité de ces faits.

Quelle fut l'occupation de Bernard pendant les années qui suivirent la mort de sa mère ? Les a-t-il consacrées aux études philosophiques et théologiques ? Ses biographes n'apprennent rien de précis à ce sujet. Ils rapportent un mot plaisant que le saint répétait plus tard, disant dans l'abandon de l'amitié : Je n'eus jamais d'autres maîtres, que les chênes et les hêtres (1).

Mais on saisit l'idée qui se cache sous ce mot pittoresque. Il peut contenir une allusion charmante au parti que prit le jeune gentilhomme de laisser là les écolâtres pour s'ensevelir dans la solitude. Il recèle surtout un grand principe de direction spirituelle. L'abbé de Clairvaux voulait dire que la connaissance des vérités et des maximes qui font les saints, est le fruit de la prière plus que de l'étude. On ne saurait découvrir dans cette parole une affectation d'ignorance.

Comprendrait-on, d'ailleurs, que Bernard eût dissipé son adolescence dans l'oisiveté ? De son temps ceux qui s'adonnaient aux Lettres, ne se bornaient pas au *Tri-*

---

1. Migne, l. c., col. 240, D.

*vium* et au *Quadrivium* ; mais ils complétaient ces premières études par d'autres plus relevées. Pour lui spécialement, son programme comprenait davantage, puisque sa mère l'avait mis aux écoles *sacris litteris erudiendum*. Et si, quand il parla de se retirer au désert, on le retint un instant dans le monde *amore scientiæ sæcularis*, si l'on fut sur le point de le lancer sur la route de l'Allemagne, c'est que l'on avait affaire à un étudiant, qui n'avait point fermé les livres. Aussi bien, les biographes montrent-ils Bernard, une fois sa vocation décidée, cherchant des recrues pour le cloître parmi ceux *cum quibus de* LITTERIS SÆCULI *seu de sæculo ipso agere solebat*. Il n'avait donc pas cessé de s'occuper d'études. Et, observons-le, ces *litteræ sæculi*, cette *scientia sæcularis*, ne désignent pas uniquement les connaissances profanes, elles n'excluent pas la théologie ; mais l'opposition est avec *scientia* ou *doctrina spiritualis*, la théologie mystique, la spiritualité, qui était plutôt l'apanage des hommes du cloître.

Est-ce à la méthode suivie encore par ses maîtres, est-ce à son propre génie, que saint Bernard doit de s'être attaché à la théologie positive, qui s'appuie sur l'Ecriture Sainte et la Tradition, beaucoup plus que sur les raisonnements philosophiques? C'est, peut-être, à ces deux causes réunies. Mais, à coup sûr, c'est à la seconde.

Il est impossible que le brillant écolier de Châtillon n'ait pas rencontré dans son entourage quelques esprits où fermentait le rationalisme de cette époque. Alors, en effet, se produisait ce que l'on est convenu d'appeler la seconde renaissance littéraire et artistique. La première avait eu lieu sous Charlemagne. La troisième devait avoir son apogée, en France, sous François I$^{er}$. Au XII$^e$ siècle, on le sait, le mouvement intellectuel amena la formation d'une école théologique nouvelle, représentée par le trop célèbre Abélard. Non contente de rompre avec l'ancienne méthode et d'y substituer la méthode dite scolastique, cette école soumit, sans mesure, à l'investigation rationnelle les dogmes les mieux définis. Après que la première effervescence fut tombée, le courant, ramené dans ses digues, donna la *Somme théologique*. Mais, en attendant, et plus tard, dans des débordements successifs, il devait égarer la multitude des esprits moins sûrs, indépendants, mal affranchis du sensualisme; il devait les conduire au libre-examen, à la libre-pensée.

La foi profonde de Bernard, sa philosophie toute chrétienne et aussi, sans doute, l'intuition du péril le détournèrent de la nouvelle voie. S'il y essaya quelques pas, quand on le poussa vers la science du siècle, ce fut pour se replier bien vite. Il demeura fermement attaché à la méthode des Pères, et devint l'antagoniste des novateurs. Ainsi se préparait-il, à son insu, à confondre un jour Abélard. Il s'y préparait en conservant sa foi humble et simple, sa foi d'enfant. Il le dira lui-même, à la veille de la fameuse controverse : *Puer sum, et ille vir bellator ab adolescentia* (1).

La Sainte Écriture fut toujours le principal objet de son étude : les biographes l'insinuent.

Avant de voir la raison la plus haute et la plus fière de son temps subir honteusement le joug des sens, Bernard dut assister à des naufrages moins retentissants, dont les victimes étaient ses condisciples et ses amis. Voici, en effet, ce que rapportent les biographes; nous les citons textuellement : *Obsidebant autem benignum juvenis animum sodalium dissimiles mores et amicitiæ procellosæ, similem sibi efficere gestientes. Quæ si ei dulcescere perstitissent, necesse erat amarescere illi, quod in hac vita dulcius cordi ejus insederat, castitatis amorem* (2). Le commentaire est facile. Ces compagnons où Bernard rencontrait des amitiés dangereuses, n'étaient

---

1. Epist. CLXXXIX, n° 8.
2. Migne, l. c., col. 230, B; 472, C.

pas uniquement des damoiseaux, de jeunes chevaliers que les relations de famille lui avaient fait connaître ; mais c'étaient ses condisciples, c'étaient les recrues de l'école. A ce contact, il apprit combien la science est insuffisante pour sauvegarder l'intégrité des mœurs, combien elle expose aux chutes les plus humiliantes, lorsqu'elle provoque l'adulation et qu'elle engendre la vaine gloire.

En même temps il vit l'innocence de sa vie menacée par d'autres attaques.

Geoffroi parle ainsi dans ses Mémoires (*Vita 3ᵃ*) de l'époque ou commença cette nouvelle épreuve, et du résultat qu'elle produisit sur l'âme de Bernard : *Posuit* (Bernardus) *in corde suo ab ipso pueritiæ tempore, præventus gratia et benedictione dulcedinis, carnis spurcitias immaculato calle transire, odiens eam quæ carnalis est tunicam maculatam. Jam vero, cum vicesimo appropinquaret ætatis anno, adolescentiæ stimulos sentiens, indigne tulit, jam necessarium judicans castigare corpus et subjicere servituti. Ex tunc ergo cum avunculo suo, Gauderico nomine, sermo ei fuit de conversione* (1).

Ainsi, lorsqu'il fut près d'atteindre sa vingtième année, indigné de sentir l'éveil des passions, il se mit à témoigner le désir d'embrasser la vie monastique. Vainement le siècle ouvrait-il devant ses pas plusieurs carrières, en lui montrant dans chacune « les prospérités de cette vie et de grandes espérances » (2). Le désert, avec sa sécurité, l'attirait davantage.

Heureux adolescent, qui garde jusqu'à sa dix-neuvième année le calme de l'innocence, et qui, au premier trouble, cherche le moyen le plus efficace d'assujettir la chair à l'esprit !

Tout le monde a lu, dans les Vies de saint Bernard,

---

1. Bibl. nat. cod. lat. 17539, Bouhier 69 bis, fol. 3.
2. Migne, l. c., col. 230, B ; 472, C.

le trait d'héroïsme (1) que l'hymnographe cistercien a buriné dans ce vers inculte :

*Defixa lumina stagno præcipitat.*

On se demande quel en fut le théâtre. Fontaines désigne son petit étang, au pied de la colline qui porte l'église et le château. Le P. Legrand cherchait à Châtillon l'emplacement d'un autre étang (2). Il faut dire qu'en dehors des conjectures et des vraisemblances, rien ne précise ce détail topographique, omis, comme plusieurs autres, par les auteurs des *Vitæ*.

La chasteté de Bernard n'eut point seulement à s'alarmer d'un sentiment étrange, qui menaçait de la flétrir, mais elle rencontra l'agression brutale et cynique (3). De ces pièges grossiers, la délicate nature du jeune saint se détourna d'instinct, comme la vue se détourne d'une plaie. Il dit à ses amis, et surtout il leur prouva que « pour lui la pureté était le plus précieux des biens et un incomparable trésor (4) ».

Bernard conserva donc intacte sa virginité. Ses paroles et ses actes établissent que, dès sa jeunesse et au sein du monde, il éprouva ce dégoût profond pour la volupté, lequel est le signe d'une âme d'élite. Il aima toujours la sainteté des mœurs comme la netteté des vêtements, et eut pour maxime constante ce qu'il exprime dans son exhortation aux clercs : *Quis nostrum, fratres, exteriorem hanc vestem qua tegitur, si repente obcœnis undique sputis illitam et fœdissimis quibusque sordibus inquinatam consideret, non vehementer exhorreat, non velociter exuat, non indignanter abjiciat ? Itaque qui, non vestem, sed semetipsum intus sub veste talem reperit, eo amplius doleat et animo consternetur oportet, quo propius tolerat quod exhorret* (5).

---

1. Ibid. col. 230, C. — Alain n'a pas inséré ce fait dans sa compilation.
2. *L'Histoire saincte de Châtillon-sur-Seine*, 1651, Deuxième partie, p. 124.
3. Migne, l. c., col. 230-231 et 472-473.
4. Ibid.
5. *De conversione, ad clericos*, cap. III.

On voit dès lors qu'elle est la vraie interprétation de ce mot du XLVIe sermon DE DIVERSIS : *Periit virtus illa a me*. Saint Bernard ne s'exprime pas ici en son nom personnel, mais au nom de ceux de ses auditeurs qui n'avaient point conservé la virginité. Les orateurs s'attribuent souvent un fait ou un état qui ne sauraient leur convenir, afin d'instruire ceux que cet état ou ce fait regardent. Telle est, d'ailleurs, la remarque d'Horstius et de Mabillon.

On voit également quelle est la valeur des allégations de Pierre Bérenger, disciple d'Abélard. Dans son ardeur à venger son maître condamné au concile de Sens, Bérenger écrivit l'*Apologeticus*, qui n'est qu'un tissu d'injures contre l'abbé de Clairvaux et les évêques du concile. Là, il prétend que Bernard, dans sa jeunessse, *a primis fere adolescentiæ rudimentis*, aurait composé des poésies légères. Il omet d'en rien citer, afin, dit-il, de ne point souiller son ouvrage *fœdi commenti interpositione*. Bérenger a désavoué son libelle et déclaré qu'on ne devait point prendre au sérieux ce qu'il avait dit de l'abbé de Clairvaux, *joco legatur, non serio*. Mais à défaut de ce désaveu, quelle choquante contradiction qu'un étudiant de mœurs aussi pures que l'était Bernard, eût façonné des couplets déshonnêtes ! Aussi, s'étonnerait-on d'entendre ressasser ce thême, dont l'abbé Vacandard vient encore de faire bonne justice, n'était la facilité avec laquelle on se trompe en traitant un sujet sans avoir confronté toutes les données (1).

Poussé vers le cloître par son amour de la retraite et par la vue des périls du siècle, Bernard parlait donc *de conversione* avec un frère de sa mère, son oncle Gaudri. Tous nos lecteurs savent que le mot de « conversion » ne signifie pas autre chose ici que l'acte de se vouer à l'état religieux. De quelle solitude était-il ques-

---

1. Migne, l. c., col, 654, A. — REVUE DES QUESTIONS HISTORIQUES, janvier 1891 : *Les poèmes latins attribués à S. Bernard, étude critique sur l'ouvrage de M. Hauréau*, par l'abbé Vacandard.

tion dans ces conversations intimes? Dans quel désert se voyait-on déjà? Bernard songeait à Cîteaux (1). Il était grand bruit du « Nouveau-Monastère » à Châtillon, à cause du voisinage de Molesme, d'où était partie la colonie fondatrice (2). Il en était grand bruit à Dijon et dans tous les alentours. On apercevait du donjon de Fontaines la forêt au sein de laquelle se cachaient les austères cénobites. Mais si l'on parlait beaucoup de Cîteaux, on sait dans quel sens. Ce fut comme on parla plus tard de l'abbaye de Feuillant, sous Jean de la Barrière, et de la Trappe, sous l'abbé de Rancé. Il y avait là vraiment du nouveau, un étonnant contraste avec ce qui se voyait ailleurs. Plus d'égards pour le rang ou la naissance. Les obscurs travaux des champs à la place des savantes études. On ne cherchait plus la gloire *in stylo sed in cruce*, comme Arnaud de Bonneval l'a écrit des religieux de Clairvaux (3); on voulait être des saints, mais cacher sa sainteté même au fond des déserts. Un mot, ou plutôt une grande chose, explique tout cela : c'est l'humilité. Bernard vit que c'était là le trait dominant du « Nouveau-Monastère », et ce fut pour lui le principal attrait. On ne saurait élever un doute là-dessus. Formel est le témoignage des biographes, bien placés pour avoir saisi les pensées intimes de l'abbé de Clairvaux (4). Et la justesse de l'ap-

---

1. Migne, l. c., col. 231, C. — La fondation de Cîteaux date de 1098.
2. Plusieurs membres de la noblesse de Châtillon et des environs étaient entrés à Molesme. Sans nul doute, il y avait parmi eux des connaissances de Bernard. Si l'on s'en tenait aux publications hagiographiques, on serait tenté d'ajouter que Gaudri avait déjà un fils dans cette abbaye. Un Gaudri de Touillon figure bien dans le cartulaire de Molesme, avec sa femme, ses filles, et ses fils Gauthier et Lambert. Mais son identité avec l'oncle de saint Bernard reste à établir. Les deux chartes notices qui le mentionnent, ne sont pas datées. On lit en marge la date de 1080. Aucun membre de la Maison de Montbard n'apparait là. Une charte fait même mourir dans le siècle le Gaudri dont elle parle (Archiv. de la Côte-d'Or. Cartul. de Molesme, I, 55 et 105). Toutefois l'autorité de ces chartes est discutable, puisqu'elles ne sont que des copies d'originaux disparus.
3. Migne, l. c., col. 268, B.
4. Ibid. col. 231, D ; 473, D.

préciation de ces auteurs est confirmée par toute l'histoire du saint.

Nous laissons à d'autres la tâche de montrer comment Bernard put servir toutes les grandes causes, comment il leur ménagea les ressources de son puissant génie, précisément parce qu'il fut humble.

Le sujet des entretiens qu'avaient ensemble l'oncle et le neveu, fut découvert. Alors les frères de Bernard, ceux qui lui étaient naturellement attachés, s'efforcèrent de le retenir dans le monde et de l'y enraciner. Ils firent miroiter devant ses yeux les avantages des carrières littéraires. Bernard pouvait arriver à tenir le premier rang parmi ces rhéteurs, ces philosophes, dont plusieurs vinrent se placer sous sa conduite à Clairvaux (1). Les pressantes sollicitations de ses frères et de ses amis le rendirent perplexe durant quelque temps. Son élan vers Cîteaux se ralentit : il en fit lui-même l'aveu par la suite (2). Ce n'est point qu'il se laissât prendre à l'appât de la renommée : la modestie de son caractère doit faire écarter cette hypothèse ; mais il aimait l'étude, il aimait la science, bien qu'il fût l'ennemi des nouvelles méthodes.

On peut lire, dans le trentième sermon sur le *Cantique des Cantiques*, un passage où saint Bernard dépeint l'état de son âme avant son entrée en religion (3). Il commentait ces mots : *Posuerunt me custodem in vineis : vineam meam non custodivi*. Les vignes dont il est parlé dans le texte biblique sont pour lui l'emblème des âmes. La foi est le cep ; les vertus sont les pampres ; les œuvres, des grappes ; la dévotion, du vin. Il s'applique à lui-même la comparaison, et s'écrie : « Que de temps ma vigne est restée inculte, déserte, abandonnée ! Elle ne produisait plus de vin, car les pampres des vertus étaient desséchés, la foi était stérile. J'avais

---
1. Ibid. col. 267, D.
2. Ibid. col. 231, D.
3. *In Cant.* sermo xxx, n° 6.

la foi, mais une foi morte. Comment dire qu'elle n'était pas morte, puisque les œuvres faisaient défaut? Tel j'étais dans le siècle. » Les saints portent souvent sur eux-mêmes des jugements sévères qui ne peuvent devenir la base de ceux de l'historien. Il faut donc atténuer ce blâme que l'abbé de Clairvaux jette à sa jeunesse. Mais il est à croire que, pendant la période des hésitations, il subit une diminution de ferveur, des aridités qui lui étaient plus ou moins imputables.

Dans le même temps, le souvenir de sa mère lui revint plus fréquemment. Il lui semblait la voir en face de lui, il croyait entendre ses plaintes et ses reproches : Etait-ce pour un aussi futile avenir, *ad hujusmodi nugacitatem*, qu'elle l'avait élevé avec tant de soins ? (1). Ainsi, les sages leçons reçues naguères se représentaient à la mémoire du jeune saint. Elles l'empêchaient de perdre de vue l'inanité des arguties dans lesquelles se délectait alors le monde des écoles, et la supériorité de la science que l'on apprend de Jésus-Christ lui-même, dans la contemplation et l'exercice des vertus.

Cependant son esprit flottait toujours indécis. Un moment ses frères se crurent maîtres de sa destinée. Ils avaient conçu le dessein de l'envoyer en Allemagne (2); ils désiraient que le jeune gentilhomme allât suivre, dans nous ne savons quelle université, les leçons de quelque maître fameux. Les fils de Tescelin concertaient ce projet, l'épée à la main. Car ils étaient alors, avec leur père et leur oncle Gaudri, au siège du château de Grancey, sous la bannière de leur suzerain, le duc de Bourgogne Hugues II (3). L'histoire locale n'a pas conservé le souvenir de ce siège, connu seulement par les biographes de saint Bernard. Le seigneur du château in-

1. Migne, l. c., col. 231, D.
2. Migne, l. c., col. 657, B.
3. Ibid. col. 232, A ; 473, D.

vesti était Renaud de Grancey, autant qu'on en peut juger par les chartes (1).

Ceci se passait au début de 1113 (n. st.), six mois environ avant l'entrée à Cîteaux (2).

Si l'on veut bien saisir les péripéties du dénouement inattendu qui se produisit, il faut compléter les récits de Guillaume et d'Alain par les Mémoires de Geoffroi (3). Les circonstances que relatent ces Mémoires paraissent avoir été élaguées, dans les rédactions postérieures, plutôt en raison du plan suivi que par crainte d'être inexact (4).

Le voyage en Allemagne était donc décidé en principe.

1. Grancey-le-Château est situé à peu près à égale distance de Dijon, de Châtillon et de Langres. La maison féodale, dont le nom était tiré de ce lieu, avait alors de nombreux représentants. Le principal seigneur du château de Grancey en 1113 paraît avoir été Renaud, à qui la *Chronique de Flavigny* (mon. ss. VIII, p. 479, n° 15) donne pour frère en 1099 Gui de Lucenay (-le-Duc). Celui-ci ne serait-il pas le même que Gui, comte de Saulx (Cartul. de Molesme, I, 43; Migne, col. 1401, C)? Les seigneurs dits de Grancey sont quelquefois appelés de Lucenay (E. Petit, II, 268, 271, 317 et Cartul. de Fontenay, 2ᵉ gd. ch. fol. 8).

2. Les biographes s'accordent à placer dans le temps du carême une partie des évènements dont le récit va suivre. Or, ce ne peut être que le carême de 1113 (n. st.). En effet, il n'y eut pas un intervalle de six mois pleins entre le voyage de Grancey où l'on décida d'entrer à Cîteaux et le départ pour ce monastère (Migne, col. 236, A; 477, C). De plus, ce départ, daté de 1113, ne s'effectua qu'après Pâques, alors le premier jour de l'année. Si l'on prenait le carême de 1112 (n. st.), l'intervalle qui doit être inférieur à six mois, dépasserait un an. Il y a bien de l'autre côté quelque difficulté. Suivant Geoffroi et Alain, les plus exacts d'entre les biographes, saint Bernard avait environ vingt-deux ans lors de son entrée à Cîteaux, en 1113, et environ soixante-trois ans jour de sa mort, le 20 août 1153. Ceci mène à une conclusion nécessaire : saint Bernard n'avait pas accompli sa soixante-troisième année quand il mourut, tandis qu'il avait achevé sa vingt-deuxième lorsqu'il entra à Cîteaux. Ce dernier point, d'ailleurs, est confirmé par Jean l'Ermite : *Bernardus, jam evoluto, ut a patribus nostris accepimus, viginti duorum annorum spatio, eremum, petens* (Migne, col. 530, D). Dès lors, il faut que le départ pour Cîteaux ne se soit pas effectué vers le mois d'août, mais plus tôt. Autrement, eût-on donné à saint Bernard environ soixante-trois ans au mois d'août 1153, et environ vingt-deux lors de l'entrée à Cîteaux en 1113? Mais rien n'empêche que l'on ait pris le chemin de Cîteaux à la fin du printemps, dans les dernières semaines de juin. Alors, tout est assez bien concilié.

3. Bibl. Nat. cod. lat. 17639 (Bouhier, 69 bis), fol. 3-6. Migne, l. c., col. 524-530.

4. Il est clair que Guillaume de Saint-Thierri groupe un peu arbitrairement les faits pour raconter une à une chaque conversion. Alain, malgré son intention de rétablir, en général, l'ordre chronologique, reproduit ici presque sans aucune retouche la narration de Guillaume. Les particularités qu'on trouve dans les Mémoires de Geoffroi, peignent

A un jour fixé, Bernard devait aller trouver ses frères à Grancey, afin de régler son départ. Or, la veille de ce jour, les frères aînés du jeune saint sont témoins d'un incident qui leur cause la plus vive inquiétude sur l'issue finale des questions agitées. Gaudri de Touillon avait donné sa parole au nom du duc. Celui-ci refuse de tenir l'engagement. Irrité de cette conduite, Gaudri s'écrie aussitôt : « Je n'ai pas le moyen de me venger de l'affront que vous me faites, seigneur duc ; mais, sachez-le, dès aujourd'hui vous ne verrez plus le bouclier suspendu à mon cou. »

Ce langage est trop bien compris de Gui et de Gérard. Voilà le fruit des conversations intimes de l'oncle et du neveu. Comment, maintenant, barrer à leur frère le chemin de Cîteaux ? Sans tarder, ils courent à Châtillon, dans l'espoir d'y rencontrer encore Bernard et de le mettre vite en route pour l'Allemagne. Leur calcul est déjoué : Bernard a déjà quitté Châtillon, et chevauche dans la direction de Grancey, par une autre voie que celle qu'ils ont prise.

De Châtillon à Grancey les chemins sont, presque partout, boisés et pittoresques : çà et là l'on rencontre un vallon, une combe vraiment sauvages. Au xiie siècle, assurément, l'aspect de ces lieux n'était pas moins désert qu'aujourd'hui. En suivant ces chemins solitaires, Bernard pèse les conséquences du voyage qu'il est près d'entreprendre. Ses craintes, ses anxiétés renaissent plus vives que jamais. Il vient à passer devant une église. Il descend de son cheval, il entre. C'est là que Dieu lui réservait le dernier trait de lumière, cet éclair d'en-haut dont le P. Lacordaire a dit, pour peindre un évènement analogue dans sa propre existence : « Il me semble voir un homme qui s'avance au hasard, le bandeau sur les yeux ; on le desserre peu à peu, il entrevoit le jour, et, à l'instant où

au vif la situation, replacent les faits dans leur cadre et dans leur véritable enchaînement ; elles ne sont pas contredites par les rédactions définitives. Pour ces motifs, nous croyons devoir en tenir compte.

le mouchoir tombe, il se trouve en face du soleil ! » (1) Il ne s'agissait point pour Bernard de recouvrer la lumière de la foi, mais de recevoir celle qui fixe une vocation. Son âme en fut toute illuminée. Car, après avoir prié avec ferveur, le visage inondé de larmes, il sortit de l'église résolument moine et moine de Cîteaux.

Arrivé à Grancey, Bernard fait ses confidences à son oncle, et celui-ci lui fait les siennes. On devine la joie de ces deux cœurs, unis depuis longtemps dans la commune pensée de fuir le monde. Ils se félicitent mutuellement, et Gaudri promet de suivre son neveu à Cîteaux.

L'un et l'autre vont ensemble trouver Tescelin, et lui déclarent ouvertement quelle est leur intention.

Cette démarche accomplie, Bernard passe de suite à l'exécution d'un grand dessein. Il veut emmener au désert toute une phalange : ses frères, ses condisciples, ses amis. C'est alors qu'il révèle un trait de caractère, qui jusque-là ne s'était point manifesté : je ne sais quelle trempe vigoureuse, quel ascendant irrésistible ; une âme de feu.

Barthélemy est le premier de ses frères qu'il rencontre. De concert avec Gaudri, il l'invite à prendre avec eux l'habit monastique. Le jeune damoiseau consent, et n'oppose aucune difficulté.

André venait d'être armé chevalier. Son premier coup d'épée n'avait pas été heureux : on l'avait fait prisonnier. Bernard réussit à le voir. Il lui apprend sa résolution, celle de son oncle et de Barthélemy ; il l'exhorte à se joindre à eux. André résiste, mais tout à coup, au milieu des instances qui lui sont faites : « Je vois ma mère ! » s'écrie-t-il, et bientôt il cède, en disant : « Alors, faites en sorte que pas un de nos frères ne reste dans le monde, ou bien divisez-moi en deux, car, loin d'eux comme loin de vous, pas de vie possible pour moi. »

Cependant, Gui et Gérard reviennent de Châtillon.

---

1. *Lettres à des jeunes gens*, 1863, p. 59.

On leur raconte tout ce qui s'est passé. Ils écoutent, silencieux et mornes, convaincus que la moindre remontrance est désormais inutile.

Bernard ne tarde pas à poursuivre son œuvre. Il prend Gui à part, et le presse de renoncer au siècle. Gui était marié. Sa jeune épouse, connue dans l'hagiographie sous le nom d'Elisabeth, avait déjà mis au monde plusieurs petites filles qu'elle élevait. Comment briser de pareils liens? Néanmoins, Gui est ébranlé par les paroles de son frère, et, après un peu d'hésitation, il lui donne la main, en lui promettant de se faire religieux, si sa femme y consent. Comme il manifestait ses craintes au sujet de ce consentement : « Ayez confiance, reprit Bernard, je vous promets à mon tour — et il lui donne aussi la main — je vous promets que bientôt vous serez libre. Avant Pâques, votre épouse vous aura permis de la quitter, si même elle ne vous demande aussi à se faire religieuse, ou bien elle mourra. »

Restait Gérard, ardent chevalier, excellent cœur, qui ne comptait que des amis parmi ses compagnons d'armes. Plus il avait de sympathie pour Bernard, moins il devait lui pardonner de fuir le foyer domestique et d'en arracher tous ses frères. L'âme de toute la campagne que l'on avait menée contre la vocation du jeune saint, sans nul doute, c'était lui. Bernard l'aborde cependant, et lui propose d'échanger le haubert avec la robe du moine. Il est repoussé. L'apôtre du cloître insiste, le chevalier le repousse encore. « Oui, je le sais, dit alors Bernard, il n'y a que le malheur qui puisse vous ouvrir les yeux. Eh bien, un jour viendra, et bientôt, où une lance perçant ce côté — Bernard avait mis le doigt sur le côté de son frère — ouvrira un meilleur passage aux salutaires paroles que vous méprisez aujourd'hui, et les fera pénétrer dans votre cœur. Vous aurez grand peur alors, mais vous ne mourrez point (1). »

1. Migne, l. c., col. 233, B; 475, A.

On sait que la double prédiction du jeune saint à ses frères aînés s'est accomplie à la lettre, et nous y reviendrons plus loin.

Telles furent donc les premières conquêtes de Bernard dès l'heure même de sa « conversion ». Telle fut ce que nous appellerons *la journée de Grancey*, journée qui assura l'avenir de Cîteaux. Nous aimerions qu'un grand écrivain catholique reprît la plume tombée des mains du comte de Montalembert, et burinât cette page, assurément l'une des plus belles de la vie du grand moine et le digne portique de tout l'édifice. Nous voudrions qu'après s'être mûrement inspiré de son sujet, après avoir vu les faits dans leur vrai cadre et sous leur vrai jour, il nous peignît, d'un de ces coups de pinceaux qui n'appartiennent qu'aux maîtres, les phases si diverses, les contrastes si frappants, d'un épisode où tout est palpitant d'intérêt, où brille avec tant d'éclat la générosité à suivre les conseils évangéliques.

L'ardent apôtre de la vie religieuse continuait à lever ses recrues. Sa parole était si persuasive, ses conquêtes étaient si rapides, que les châteaux redoutèrent de se voir dépeupler. Les mères cachaient leurs fils ; les femmes, leurs époux ; les amis éloignaient leurs amis (1). Réunis à Châtillon dans une commune demeure (2), les « convertis » inaugurèrent les exercices des cénobites au sein même du siècle. Bernard retardait l'entrée à Cîteaux, afin de grossir la phalange qu'il voulait y conduire. Quelques-uns avaient à mettre ordre à leurs affaires. Mais, groupés ensemble, autour du jeune adolescent déjà devenu leur maître, ils étaient mieux à l'abri de toute défaillance.

Gui eut bientôt la liberté de rejoindre la vaillante troupe. Sa femme refusa d'abord avec obstination son

---

1. Ibid. col. 235, C ; 447, B.
2. Ibid.

consentement. Le pieux mari n'avait plus d'espoir. Seulement, dans son désir sincère de la vie parfaite, il étudiait les moyens de la pratiquer sous l'habit laïque. Survient Bernard, qui parcourait la contrée, suscitant des vocations. Peut-être était-ce au château de Fontaines que se trouvait Gui ; une variante de la *Vita 1ª* lui assigne alors cette demeure seigneuriale (1). La jeune châtelaine tombe malade. C'en est fait : elle appelle Bernard, demande pardon, et se déclare prête à prendre le voile.

Cependant que devenait Gérard ? Quinze jours environ après la prédiction de son frère (2), les gens du seigneur de Grancey l'entourent, dans une rencontre ; il tombe, le côté percé d'une lance ; ses adversaires le saisissent et l'emportent. Croyant voir la mort planer sur lui : « Je suis moine, s'écrie-t-il, je suis moine de Cîteaux ! » Néanmoins, on l'enferme dans un cellier, sous l'une des tours voisines de l'entrée du château. La nouvelle est portée à Bernard. Le saint attend un peu, puis il se rend à Grancey, afin de traiter l'élargissement du prisonnier. Il ne réussit ni à l'obtenir ni à voir son frère, et ne peut que lui crier ces mots en passant devant la porte du cellier : « Sache, mon frère Gérard, que bientôt nous irons au Nouveau-Monastère ; pour toi, qui restes enchaîné, sois moine dans ta prison. » A quelque temps de là, pendant le carême, Gérard s'échappe, par une sorte de miracle, de la tour où il était détenu, et gagne l'église, dans laquelle on achevait de célébrer l'office des vêpres. L'inviolabilité du lieu saint lui rendit la faculté d'aller s'unir à ses frères.

Les « convertis » qui se destinaient à Cîteaux, dépassèrent le nombre de trente (3). C'étaient d'abord tous les fils de Tescelin, excepté Nivard, le plus jeune, qu'on

---

1. Surius, ed. 3ª, Coloniæ 1618, T. IV, p. 201.
2. Migne, l. c., col. 582, B.
3. Ibid. col. 237, C ; 478, C.

laissait au preux chevalier comme une consolation, et à qui son âge, d'ailleurs, fermait l'accès du Nouveau-Monastère. Aux fils de Tescelin il faut ajouter Gaudri de Touillon ; Milon de Montbard, seigneur de Pouilly-lès-Molesme, autre frère de la B. Aleth ; (1) Godefroi de la Roche et le jeune Robert, tous deux cousins de saint Bernard ; Hugues de Mâcon, l'un de ses amis les plus chers. Les noms des autres sont restés inconnus. Il y avait parmi eux des clercs comme Hugues de Mâcon (2). La manière dont celui-ci fut gagné à la vie claustrale est longuement racontée par les biographes, surtout dans la *Vita $3^a$*. On y voit une nouvelle preuve du zèle que déployait Bernard dans la poursuite de son entreprise.

Dans cette phalange d'élite rassemblée à Châtillon, il y en eut un qui n'eut point le courage de persévérer. La crainte de quelque autre désertion détermina le départ pour Cîteaux. Ce départ dut s'effectuer vers la fin de juin, suivant le calcul qui a fait l'objet d'une note précédente.

Le château de Fontaines fut témoin des derniers adieux de Tescelin et de ses fils. C'est ce que rapporte expressément une variante de la *Vita $1^a$* déjà rappelée tout à l'heure : *Cumque exirent de mansione Guidonis primogeniti quæ Fontanæ dicebatur*. Du reste, Fontaines est sur la route de Châtillon à Cîteaux. Comment passer sous les murs du castel sans s'y arrêter ? Même en l'absence de Tescelin, le souvenir d'Aleth ne suffisait-il point pour guider là ses fils ? Ceux-ci pouvaient-ils ne pas essayer de ressaisir son image moins effacée, dans le donjon où elle expira saintement, comme aussi près de son tombeau, à la crypte de Saint-Bénigne ?

Tout le monde connaît le mot adressé, dans cette circonstance, par Gui à Nivard et la belle réplique de l'enfant. Dans ce mot, dans ce suprême regard jeté par

---

1. Ibid. col. 1399, C ; 1461, D.
2. Ibid. col. 660, B.

l'aîné de la Maison sur tout ce que l'on abandonnait, il nous semble voir percer ce vif amour que les seigneurs féodaux avaient pour leurs castels. Fontaines était un séjour aimé de ceux qui s'en exilaient volontairement. Bernard, qui arrachait à ce lieu ses hôtes, ne l'aimait pas moins que ses frères. Mais un amour meilleur s'était emparé des jeunes gentilshommes. C'était l'amour de Dieu. Nivard avait tout compris.

Tescelin resta donc seul à Fontaines avec Nivard. Hombeline devait être mariée à cette époque. Déjà sans doute, l'épouse de Gui s'était retirée au monastère de Larey (1), emmenant avec elle ses petites filles. La solitude devint plus profonde encore. Car, Nivard voulut rejoindre ses frères ; parfois il prenait le chemin de Cîteaux, et allait frapper jusqu'à la porte du couvent. Il fallut le confier à un prêtre qui lui enseignât les Lettres, et quand il eût l'âge requis, il entra au noviciat (2). Vers 1120, Tescelin était lui-même à Clairvaux. Peu après, Hombeline obtint de son époux, dont le nom est ignoré, la faculté de prendre le voile à Jully-les-Nonnains (3). Enfin, une des filles de Gui, Adeline, se fit également religieuse, et devint abbesse de Poulangy (4). Une autre fut dame de Fontaines, et épousa Barthélemy de Sombernon.

A partir de l'entrée de saint Bernard à Cîteaux, les événements de sa vie n'appartiennent plus à une monographie du château de Fontaines, ils appartiennent à l'histoire des Ordres monastiques, à l'histoire de l'Église. Ici finit donc notre tâche dans l'étude de cette

1. Ibid. col. 526, A.
2. Ibid. col. 525, C.
3. Ibid. col. 245, B ; 482, D. — Il est solidement démontré que le monastère où se retira sainte Hombeline était situé à Jully-les-Nonnains. *Hist. du prieuré de Jully-les-Nonnains*, par M. l'abbé Jobin, 1881.
4. Ibid. col. 1250, D.

grande figure. Ici encore se terminera la *Première partie* du travail que nous avons entrepris de publier. Elle renferme tout ce qui a trait plus spécialement à saint Bernard lui-même, à ses rapports directs avec Fontaines. La seconde partie comprendra les Notes sur les seigneurs de Fontaines en général et sur les arrière-neveux du saint abbé en particulier, sur l'établissement des Feuillants, du XVII° siècle à la Révolution, et sur la Maison de missionnaires fondée à notre époque.

Un mot seulement de conclusion.

Nous laissons saint Bernard sur le chemin de Cîteaux, où il va revêtir l'habit monastique.

« On peut, a dit M. de Montalembert, on peut, sans excès d'ambition, aspirer pour le moine à une justice plus complète que celle qu'il a obtenue jusqu'ici, même de la plupart des apologistes chrétiens des derniers temps. En prenant la défense des Ordres religieux, on a semblé surtout demander grâce pour ces augustes institutions, au nom des services rendus par elles aux sciences, aux lettres, à l'agriculture. C'était vanter le superflu aux dépens de l'essentiel. Sans doute il faut constater et admirer la mise en culture de tant de forêts et de tant de déserts, la transcription et la conservation de tant de monuments littéraires et historiques, et cette érudition monastique que rien ne saurait remplacer; ce sont là de grands services rendus à l'humanité, et qui eussent suffi, si l'humanité était juste, pour couvrir les moines d'une éternelle égide. Mais ce qui est bien autrement digne d'admiration et de reconnaissance, c'est la lutte permanente de la liberté morale contre les servitudes de la chair; c'est l'effort constant de la volonté consacrée à la poursuite et à la conquête de la vertu chrétienne; c'est l'essor victorieux de l'âme dans ces régions suprêmes où elle retrouve sa vraie, son immortelle grandeur. »

Et développant plus longuement sa pensée, M. de

Montalembert ajoute : « De tant de fondateurs et de législateurs de la vie religieuse, pas un n'a imaginé d'assigner pour but à ses disciples de défoncer la terre, de copier des manuscrits, de cultiver les arts ou les lettres, d'écrire les annales des peuples. Ce n'était là pour eux que l'accessoire, la conséquence souvent indirecte et involontaire d'un institut qui n'avait en vue que l'éducation de l'âme humaine, sa conformité avec la loi du Christ et l'expiation de sa corruption native par une vie de sacrifice et de mortification (1). »

Ces paroles, qui rappellent d'une manière si nette et si juste le vrai but de la vie monastique, expliquent le mobile qui conduisait saint Bernard à Cîteaux. Il comprit que Dieu l'appelait à être moine, et il suivit sa vocation. La grâce et ce coup d'œil profond qui le distingue, lui firent de suite envisager la vie religieuse sous son véritable aspect. Toute son ambition fut de s'enrichir des biens de l'âme, d'arriver à la perfection évangélique. Par vertu il détourna ses regards de tout ce qui est terrestre, il s'interdit tout ce qui énerve, il fit ses délices de tout ce qui crucifie la chair, humilie l'amour propre et facilite les rapports intimes avec Dieu. Au reste, la nature de son esprit se prêtait au développement de la vie intérieure : il était de ces intelligences pures qui donnent peu d'attention aux objets sensibles. Quant à la science, il vit une source de distraction dans celle qui n'est qu'un ornement de l'esprit, qu'une satisfaction donnée à la curiosité ; il aima mieux apprendre celle qui rend l'homme vertueux et saint.

Mais saint Bernard était un cœur aimant. Il voulut faire partager les précieux avantages du cloître à ses parents et à ses amis ; il s'efforça de les entraîner dans la plus noble des milices, à l'école de la sainteté ; il les pressa d'accomplir les sacrifices conseillés par l'Evangile et de quitter « maison, frères, sœurs, père, mère,

---

1. *Les Moines d'Occident*, t. I, p. XIII-XIV.

épouse, enfants, terres pour Jésus-Christ (1). » Et les trente qui furent gagnés par sa parole enflammée, les uns clercs, les autres laïques; ceux-ci chevaliers, ceux-là écoliers, n'eurent, comme lui, d'autres vues que celles de devenir les chevaliers de Dieu et les disciples du Maître intérieur.

Tels sont les grands, les vrais mobiles qui animaient saint Bernard et ses fervents compagnons, lorsqu'ils portèrent au continuateur de l'œuvre de saint Robert, à saint Étienne Harding les éléments de vie et d'accroissement d'où devait sortir l'Ordre cistercien.

---

1. *Matth.* XIX, 29.

# TABLEAU SYNOPTIQUE

## LES ENFANTS DE TESCELIN ET D'ALETH

TESCELIN LE SAURE, originaire de Châtillon-sur-Seine, chevalier, l'un des grands officiers des ducs de Bourgogne, moine à Clairvaux vers 1120, meurt peu après.

ALETH DE MONTBARD, mariée à Tescelin vers 1085, meurt à Fontaines-lès-Dijon vers 1107.

| GUI | GÉRARD | SAINT BERNARD | HOMBELINE | ANDRÉ | BARTHÉLEMY | NIVARD |
|---|---|---|---|---|---|---|
| Gui, l'aîné de la famille, chevalier, marié avec la B. Élisabeth, père de plusieurs filles, se sépara de son épouse par consentement mutuel, et entra avec saint Bernard à Cîteaux. Il fut de la fondation de Clairvaux et eut une part importante (Migne, col. 421, C 763, D.) En revenant d'un voyage en Berry, il tomba malade à Antigny, mourut dans cette abbaye, et y fut inhumé (col. 528, C). Sa mort dut arriver après 1141 (col. 1419, C). ÉLISABETH, épouse de Gui, d'une maison inconnue, prit le voile à Larey-lès-Dijon, monastère dépendant de Saint-Bénigne (col. 526, A,) passa peut-être à Prâlon, autre monastère soumis à la même abbaye (col. 1386-87; 1408, A. Voir aussi *Mascula quatuor*, p. 174.) ADELINE, fille de Gui et Élisabeth, fut abbesse de Jalangy (col. 1250. D. Voir aussi *Lilia Cisterciensia* d'Henriquez.) Autre fille des mêmes, dame de Fontaines, épousa Barthélemy de Sombernon, et eut une postérité. | GÉRARD, le deuxième enfant, chevalier, eut plus de peine que ses frères à renoncer au siècle. Il entra avec saint Bernard à Cîteaux. Il fut de la fondation de Clairvaux, et eut la charge du cellerier (col. 242, C; 481, A.) Il accompagna saint Bernard en Italie, l'an 1137, et mourut l'année suivante à Clairvaux. | SAINT BERNARD, troisième enfant, né à Fontaines-lès-Dijon en 1090 ou 1091, fit ses études aux écoles de Châtillon-sur-Seine, et entra à Cîteaux en 1113 avec trente chevaliers ou clercs gagnés par lui à la vie monastique. Saint Étienne Harding l'envoya fonder Clairvaux en 1115. Saint Bernard prit part à la publication de la *Charte de charité*, l'un des monuments primitifs de la règle cistercienne, confirmé à Saulieu par le pape Calixte II, le 23 décembre 1119. À l'assemblée d'Étampes (1130) il fait reconnaître l'autorité du pape légitime Innocent II, à qui la tiare était disputée par l'intrus Pierre de Léon. Il assiste au concile de Pise (1134) où Pierre de Léon fut excommunié. En 1136, il porte un nouveau coup au schisme par la conversion de Guillaume d'Aquitaine. En 1138, il amène l'anti-pape Victor aux pieds d'Innocent II. Au concile de Sens (1140) il confond Abélard. Il prêche la seconde croisade à Vézelay en 1146. Au concile de Reims (1148), il fait condamner les erreurs de Gilbert de la Porrée. Saint Bernard est mort à Clairvaux, le 20 août 1153. Il avait fondé un très grand nombre d'abbayes. | HOMBELINE, quatrième enfant, épousa un seigneur de nom inconnu. Convertie à la vie religieuse dans un voyage qu'elle fit à Clairvaux vers 1125, elle obtint de son mari la permission de prendre le voile à Jully-les-Nonnains. C'est là qu'elle mourut, assistée du B. Pierre, prieur de Jully. La date de sa mort est difficile à déterminer. Les uns prennent 1141; les autres 1135 (Migne, col. 803-804; 1265, A; 1270, A). Françoise de Cossé, épouse de Gui de Rabutin, baron de Chantal, et mère de Christophe, mari de sainte Jeanne Françoise de Chantal, passe pour une descendante de sainte Hombeline. Une famille Baudequin, qu'on trouve en Bourgogne et dans le comté de Nevers aux XIVe et XVe siècles, et qui suivit les ducs dans la Flandre, croit également descendre de la sœur de saint Bernard. Mais il n'est point encore établi que sainte Hombeline ait laissé une postérité. | ANDRÉ, cinquième enfant, à peine armé chevalier, renonça au monde pour suivre saint Bernard à Cîteaux. Il fut de la fondation de Clairvaux, et paraît avoir eu la charge de portier (Migne, col. 244, D). Il mourut à Clairvaux probablement vers 1136 (col. 530, A). | BARTHÉLEMY, sixième enfant, damoiseau, accepta le premier et immédiatement de suivre saint Bernard à Cîteaux. Il fut de la fondation de Clairvaux. On le donne comme abbé de La Ferté-sur-Grône, mais sans preuve bien établie. | NIVARD, septième enfant, trop jeune en 1113 pour entrer à Cîteaux, s'y rendit plus tard, et, ayant reçu l'habit, fut envoyé à Clairvaux. En 1129, on le trouve au château de Montbard avec saint Bernard et Gérard (Cartul. de Molesme, I, p. 124, et II, p. 4). Saint Bernard l'envoya fonder plusieurs abbayes : Vaucelles, au diocèse de Cambrai (1132); Buzé, près de Nantes (1135); Val de Souleuvres, au diocèse de Bayeux (1146, cette abbaye fut transférée au Val Richer); Spina, au diocèse de Palencia en Castille (1147). On a des raisons de croire qu'il mourut en Espagne, et fut inhumé dans l'abbaye de Spina (*Ménol. de Cîteaux*, 7 février et 9 décembre.) Voir Hautecœur, *Abbaye de Flines*; Dom Lobineau, *Histoire de Bretagne*; GALL. CHR. XI; *Semaine religieuse de Bayeux*, 8 et 15 septembre 1867; S. BERN. EPIST. CCCI. |

# TITRES DE SAINTETÉ

### DE TESCELIN, D'ALETH ET DE LEURS ENFANTS

De tous les personnages saints ou vénérables qui font l'objet de cette Note, saint Bernard est le seul qui ait été canonisé par l'Église dans les formes ordinaires et solennelles. Saint Gérard et sainte Hombeline reçoivent, dans tout l'ordre de Cîteaux, un culte public autorisé par des décrets de la S. Congrégation des Rites. Les autres personnages sont appelés saints ou bienheureux dans des monuments hagiographiques, martyrologiques et liturgiques. On verra, par les explications sommaires qui suivent, quelle est l'origine et la portée de ces titres. Les ménologes auxquels nous renvoyons, sont ceux de Henriquez, de Bucelin et de Chalemot. Les deux premiers sont fort connus ; le troisième porte ce titre : *Series sanctorum et beatorum ac illustrium virorum ordinis Cisterciensis*, in-4°, Paris, 1670. Le *Journal des Saints de l'Ordre de Cîteaux*, auquel nous renvoyons également, contient pour chaque jour de l'année une notice brève sur un ou plusieurs saints honorés dans l'abbaye de Tart, mais la plupart d'un culte entièrement privé. La *Galerie bourguignonne* donne pour auteur à ce recueil imprimé en 1706, (Dijon, Ressayre), Claudine Févret, née à Dijon le 13 août 1649, morte dans la même ville le 27 août 1727, abbesse de N.-D. de Tart. Courtépée l'avait attribué à une autre religieuse de la même abbaye, N. le Belin (*Description du duché de Bourgogne*, édit. 1847, T. II, p. 132).

### LE BIENHEUREUX TESCELIN
### 23 mai

Inscrit sous le titre de bienheureux dans le ménologe de

Henriquez et sous le titre de saint dans le ménologe de Bucelin.

Le nécrologe de Saint-Bénigne de Dijon porte : *III Idus aprilis* (11 avril) *obiit Tecelinus monachus, pater domni Bernardi abbatis Claraevallis* (Migne, col. 243, D ; 1450, D).

### LA BIENHEUREUSE ALETH
### 4 avril

Inscrite sous le titre de bienheureuse dans les trois ménologes.

Le nécrologe de Saint-Bénigne porte : *Kalendis septembris* (1ᵉʳ septembre) *obiit Alasya laica* (col. 1451, A.)

Nous avons plusieurs fois rappelé que la mémoire de la B. Aleth a été placée au 4 avril, parce que l'on a confondu saint Ambrosinien avec saint Ambroise de Milan.

### LE BIENHEUREUX GUI
### 11 mai

Inscrit sous le titre de bienheureux dans les ménologes.

### SAINT GÉRARD
### 13 juin et 30 janvier

Inscrit sous le titre de bienheureux dans les ménologes, mais sous le titre de saint dans le martyrologe cistercien, publié à Rome avec l'approbation de la S. Congrégation des Rites.

Par un décret du 1ᵉʳ juillet 1702, ladite Congrégation a autorisé les religieux et religieuses de l'Ordre de Citeaux à célébrer, sous le rite double, le 30 janvier, la fête de saint Gérard, confesseur (*Officia propria SS. a S. R. Congregatione approbata pro omnibus monachis utriusque sexus totius ordinis cisterciensis*, Deuxième partie, p. IV ; et Première partie, p. 36).

### SAINT BERNARD
### 20 août

Canonisé le 18 janvier 1174 (Migne, col. 621 et suiv.),

de docteur dans l'Ordre de Citeaux et par quelques églises. Dans le calendrier de l'église de Fontaines, exemplaire du xvii° siècle, il est porté sous le titre d'abbé.

Le 20 août 1830, Pie VIII a confirmé et donné à saint Bernard le titre de docteur pour l'église universelle (Migne, col. 1543 et suiv.).

Dans la liste des docteurs, saint Bernard a pour nom distinctif, celui de *Doctor mellifluus*.

Il est le dernier des Pères de l'Eglise dans l'ordre des temps.

La fête de l'*Elévation et Translation du corps de saint Bernard*, célébrée dans l'Ordre de Citeaux et fixée autrefois au 15 novembre, a été transférée au 12 octobre par un décret de la S. Congrégation des Rites du 11 mars 1858 (*Officia propria ordin. cisterc.*, Deuxième partie, p. VIII).

### SAINTE HOMBELINE
#### 21 août et 12 février

Inscrite sous le titre de bienheureuse dans les ménologes, mais sous le titre de sainte dans le martyrologe cistercien.

Par un décret du 1ᵉʳ septembre 1703, la S. Congrégation des Rites a autorisé les religieux et religieuses de l'Ordre de Citeaux à célébrer, sous le rite double, le 12 février, la fête de sainte Hombeline veuve (*Officia propria SS. à S. R. Congregatione approbata pro omnibus monachis utriusque sexus totius ordinis cisterciensis*, Deuxième partie, p. V; et Première partie, p. 46).

Par un autre décret du 4 mars 1858, ladite Congrégation considérant que sainte Hombeline veuve, sœur de saint Bernard, abbé et docteur, était honorée par les religieuses de l'Ordre de Citeaux comme leur patronne, a élevé la fête de cette sainte au rite double majeur (Ibid. Deuxième partie, p. VII).

Un office propre de sainte Hombeline était en usage dans l'abbaye de N.-D. de Tart, mais il est différent de celui qui se récite aujourd'hui dans l'Ordre de Citeaux. Voir cet ancien office dans *Offices et supplément au bréviaire romain pour l'abbaye de N.-D. de Tart*, Dijon, 1681. — Bibliot. de la ville de Dijon, n° 2689[1]. — La *Galerie bourguignonne* cite « L'office de sainte Hombeline, anonyme, Dijon, Defay,

de Saint-Mesmin, né à Dijon le 22 juillet 1652, mort dans la même ville le 21 août 1733.

### LE BIENHEUREUX ANDRÉ
### 5 Avril

Inscrit sous le titre de bienheureux dans les ménologes.

### LE BIENHEUREUX BARTHÉLEMY
### 9 Décembre

Inscrit sous le titre de saint dans les ménologes de Henriquez et de Bucelin.

### LE BIENHEUREUX NIVARD
### 7 février

Inscrit sous le titre de bienheureux dans les ménologes.

La fête de « saint Nivard confesseur » a été établie dans certains monastères cisterciens. Un exemplaire de l'office dudit saint a été rapporté, en 1863, de l'abbaye de Stams près d'Inspruck (Tyrol), par M. l'abbé Merle, curé de Fontaines-lès-Dijon. Cet exemplaire est conservé à la bibliothèque de la Maison de saint Bernard.

Mais le nouveau calendrier cistercien, approuvé par la S. Congrégation des Rites, le 11 septembre 1856, ne contient pas la fête de « saint Nivard ».

### LA BIENHEUREUSE ÉLISABETH
### 27 janvier

Non inscrite dans les ménologes, appelée bienheureuse dans le *Journal des Saints de l'Ordre de Citeaux*. (Ce recueil donne le titre de saint à tous ceux qui précèdent.)

### LA BIENHEUREUSE ADELINE
### 2 septembre

Non inscrite dans les ménologes, appelée bienheureuse dans le *Journal des Saints de l'Ordre de Citeaux*. (Voir aussi le *Lilia cisterciensia* de Henriquez.)

# NOTE SUPPLÉMENTAIRE

Il est bon de revenir sur quelques détails chronologiques relatifs à l'histoire de saint Bernard et de ses frères.

La date du voyage de saint Bernard à Grancey, où fut prise la résolution définitive de quitter le siècle, demande une plus longue discussion. Un point paraît fixé par les récits combinés des anciens biographes : c'est pendant le Carême de 1113 (n. st.) que Gérard, prisonnier, recouvra la liberté. En 1113, Pâques tombait le 6 avril : le Carême avait donc commencé le 20 février. Gérard, blessé et pris quinze jours environ après la prédication de son frère, guérit rapidement, mais la durée totale de sa captivité put s'étendre de deux à trois mois. En plaçant sa délivrance vers le 20 mars, on obtient pour la date du voyage à Grancey un des quinze premiers jours de janvier. Telle est l'opinion à laquelle nous nous étions arrêté. Elle semblait concorder avec le détail suivant des *Vitæ*. Dès que Bernard eut groupé autour de lui une partie de ses parents et de ses amis, il entendit, un matin, dans une église où il s'était rendu avec eux, lire ce passage de l'épître de saint Paul aux Philippiens : « Dieu est fidèle, et assurément celui qui a commencé en vous la bonne œuvre, la mènera à sa perfection jusqu'au jour de Jésus-Christ (1) ». Or, de très ancienne date, les épitres de saint Paul se lisent à l'office des matines, pendant les semaines après l'Epiphanie (2). Et, d'autre part, à l'église de Saint-Vorles dont il s'agit sans doute, les chanoines, alors séculiers, ne psalmodiaient-ils pas l'office de la nuit à l'aube du jour (3) ?

Mais une objection s'est élevée. Pour faire admettre l'opi-

---

1. Migne, P. L. T. CLXXXV, col. 234, C.
2. *Les Monuments primitifs de la Règle cistercienne*, Dijon 1878, p. 100.
3. Martigny, *Dict. des antiquités chrétiennes*, p. 472.

nion émise, il faut pouvoir conjecturer que l'entrée des trente gentilshommes à Cîteaux s'effectua au mois de juin, puisqu'il s'écoula près d'une demi-année entre la journée décisive de Grancey et le départ pour le cloître. Cette conjecture est-elle soutenable? D'un côté, les *Vitæ* et l'*Exordium parvum* placent l'arrivée de Bernard et de ses compagnons avant la fondation de toute abbaye nouvelle. D'un autre côté, la plupart des tables cisterciennes marquent la fondation de La Ferté-sur-Grosne, première fille de Cîteaux (1), au 18 mai 1113. Nos supputations chronologiques sont donc renversées. Disons-le, toutefois, la date du 18 mai inspire quelque étonnement. Elle est bien rapprochée de l'arrivée de saint Bernard, laquelle ne saurait être antérieure au 25 mars, premier jour de l'année pour les Cisterciens. Et pourtant, suivant l'*Exordium*, suivant même la charte de fondation de la Ferté (2), ce monastère devrait son origine à la trop grande affluence des religieux à Cîteaux, affluence produite, non seulement par les trente novices venus de Châtillon, mais par « ceux de tous pays qui suivirent leur exemple ». Il se peut donc qu'il ne faille pas prendre tout cela trop à la lettre, qu'il y ait lieu d'hésiter sur la date du 18 mai, ou que la fondation de La Ferté soit indépendante de l'arrivée de saint Bernard : M. l'abbé Jobin rapporte une charte de cette abbaye, datée de 1112 (3).

Acceptons cependant et la date du 18 mai pour l'établissement de La Ferté et l'antériorité de l'arrivée de saint Bernard; puis, voyons, alors, à quand remonterait le voyage de Grancey. Dans ces données, saint Bernard serait entré à Cîteaux vers la mi-avril au plus tard. Ainsi, le voyage en question se serait fait pendant l'automne de 1112, soit en octobre, soit au commencement de novembre. Rien ne s'oppose à ce que la captivité de Gérard ait duré depuis la fin de novembre jusqu'aux premiers jours de mars. De plus, le texte de saint Paul, dont Bernard et ses frères entendirent la lecture au lendemain de leur conversion, est compris dans l'épître

---

1. Janauschek, *Origines cistercienses*, p. 3.
2. L'abbé Jobin, *Saint Bernard et sa famille*, Poitiers, 1891, p. 564.
3. *Ibid.*, p. 561. On remarquera, en lisant la charte de fondation, p. 564-566, que la date du 18 mai figure dans une sorte d'appendice explicatif que ne contiennent pas toutes les copies de cette charte. Cf. Gall. Christ. L'original, conservé à Mâcon, paraît être du XII<sup>e</sup> siècle, mais non du jour même de la fondation.

d'un des derniers dimanches après la Pentecôte, du 22°, dans nos livres liturgiques actuels, du 23°, dans le bréviaire ms. de Cîteaux (1). En 1112, le 23° dimanche après la Pentecôte était le 17 novembre. De la sorte, les détails concordent, et cette seconde date pour le voyage de Grancey — octobre 1112 — n'est pas moins vraisemblable que celle de janvier 1113.

A laquelle de ces deux dates donnera-t-on la préférence ? A la seconde, sans doute, puisqu'elle s'harmonise mieux avec les tables chronologiques de la fondation des abbayes (2).

Il faut corriger aussi quelques dates et redresser l'ordre des faits dans la note du *Tableau synoptique* relative au schisme d'Anaclet. La réconciliation de Guillaume d'Aquitaine avec l'évêque de Poitiers s'accomplit, non en 1136, mais avant la tenue du concile de Pise, et ce concile s'ouvrit le 30 mai 1135 (3).

En général, il est difficile de préciser à quelle époque moururent les frères de saint Bernard. Gui apparait dans deux chartes sous l'épiscopat de Godefroi de la Roche, élu au siège de Langres en 1138. Nous avons indiqué celle que donne Chifflet. L'autre est dans le Cartulaire de Longuay, p. 94 (Archiv. de la Haute-Marne). André mourut, tandis que saint Bernard était retenu hors de Clairvaux par une de ces missions pacificatrices qu'il eut plusieurs fois l'occasion de remplir. Le saint abbé, dit le biographe, eut alors un songe où il crut, étant accompagné de Gérard, faire ses adieux à André (4). Ceci pouvait convenir au temps où saint Bernard voyageait avec Gérard en Italie. Mais, assurément, rien de moins nécessaire que cette conclusion, puisqu'il s'agit d'un rêve. Aussi, avec le D$^r$ Hüffer et M. l'abbé Jobin, l'on peut mettre la mort d'André à l'époque où l'abbé de Clairvaux réconciliait Louis VII et Thibaut de Champagne, 1143-1144.

1. Bibliot. de Dijon.
2. Pour se conformer à cette opinion, nous prions le lecteur de rectifier quelques passages de la manière suivante :
Page 178, ligne 3° : « Ceci se passait à *la fin de 1112...* »
Même page, dernières lignes de la note 2 : « Rien n'empêche que l'on ait pris le chemin de Cîteaux *au commencement* du printemps, dans les *premières semaines d'avril* ».
Page 184, lig. 17: « Ce départ dut s'effectuer *au commencement d'avril* ».
3. *Saint Bernard et le Schisme d'Anaclet II*, par l'abbé Vacandard, Revue des questions historiques, 1$^{er}$ janvier 1889, pages 27, note 1 et 32, note 3.
4. Migne, l. c., col. 530, A.

Dijon le 1° juin 1893       à joindre

Monsieur l'Administrateur général

En réponse à votre honorée lettre du 25 mai dernier j'ai l'honneur de vous prévenir que j'ai déposé à la Poste aujourd'hui un paquet à votre adresse franco contenant
1° les dix planches du volume intitulé " St Bernard et le château de [Fontaine] "
2° un exemplaire du même volume voilà ce [qu'il?] [...] je suis [...] à [...] à la Bibliothèque nationale

3° Les planches premières de l'ouvrage intitulé " La Chambre [notariale] de St Vern[...]
— D'après vos explications c'est la seule planche qui soit en déficit car cette [...] brochure bien contenir [...] 23 planches, mais 23 planches [en] figures, soit 11 planches hors [texte]

et 12 figures intercalées dans le texte.

Daignez agréer, Monsieur l'Administrateur, le sentiment de respectueuse considération avec lequel j'ai l'honneur d'être votre très obligé serviteur

V. Rouillon
ch. hon.

www.ingramcontent.com/pod-product-compliance
Lightning Source LLC
Chambersburg PA
CBHW071938160426
**43198CB00011B/1443**